Martin Doerry / Markus Verbeet

Wie gut ist Ihre Allgemeinbildung?

Der *neue* SPIEGEL-Wissenstest

W0171956

Kiepenheuer
& Witsch

Inhalt

Die Welt von heute: Was wir über die Gegenwart wissen

»Wir müssen darauf achten, dass wir nicht nur schnappatmen«
Caren Miosga über die Bedeutung von
Allgemeinwissen für ihre Arbeit

»Die Zukunft ist so etwas wie ein Mülleimer unserer Gegenwart«
Ranga Yogeshwar über den Einfluss der
Wissenschaft auf Politik und Gesellschaft

Einleitung

Können Sie, liebe Leserin, lieber Leser, sich noch daran erinnern, was Sie vor 20 Jahren gemacht haben, wenn Sie über irgendein Ereignis nicht mehr so genau Bescheid wussten? Wenn Sie beispielsweise vergessen hatten, wann John F. Kennedy zum amerikanischen Präsidenten gewählt wurde oder an welchem Tag die Mauer fiel? Wir vermuten: Damals hätten Sie in einem Lexikon, vielleicht im Brockhaus, nachgeschaut (und nach einigem Blättern herausgefunden, dass Kennedy im November 1960 gewählt wurde und die Mauer am 9. November 1989 fiel).

Dann können Sie sich bestimmt auch noch daran erinnern, wie häufig man mit dem Lexikon nicht weiterkam, wie frustrierend das war, weil man den falschen Suchbegriff gewählt hatte oder das Lexikon veraltet war. Das ist lange her, selbstverständlich. Der letzte Brockhaus wurde 2006 aufgelegt und 2014 aus dem Sortiment genommen; seither wird er nur noch digital aktualisiert. Das Internet bewahrt uns inzwischen vor solchen Frustrationen. Einmal kurz die Suchmaschine anwerfen oder Wikipedia aufrufen – und schon sind (fast) alle Fragen beantwortet. Wissen ist heute weltweit und sofort für jedermann und jede Frau verfügbar.

So gesehen scheint auch das vorliegende Buch überflüssig zu sein. Doch ganz so einfach ist es natürlich nicht. Die Erfahrung lehrt, dass Wissen, das präsent ist und nicht erst ergoogelt oder anders erfragt werden muss, der Nährboden unseres gesamten Denkens und Begreifens ist. Mit anderen Worten: Wer nichts weiß, kann auch keine Fragen stellen. Wenn Sie vom Mauerfall noch nie etwas gehört haben sollten, wissen Sie auch nicht, dass Deutschland mal geteilt war.

Man braucht also eine Art Fundament, um den Alltag zu bewältigen und in der Kommunikation, im Gespräch mit den Zeitgenossen zu bestehen. Landläufig nennt man so etwas »Allgemeinbildung«. Doch die fliegt niemandem zu, das alte Wissen muss aufgefrischt und um neues ergänzt werden. Dazu soll dieses Buch ein wenig beitragen – indem Sie zum Beispiel feststellen, in welchen Wissensgebieten Sie vielleicht etwas unsicher sind und die richtige Antwort eher erraten mussten.

Der erste große SPIEGEL-Wissenstest »Wie gut ist Ihre Allgemeinbildung?« erschien vor genau zehn Jahren. Der Test umfasste die Wissensgebiete Politik, Geschichte, Wirtschaft, Kultur und Naturwissenschaften. Und er unterschied sich von dem vorliegenden Band vor allem dadurch, dass er historisch angelegt war. Gefragt wurde – in Stichproben – nach allem, was in den vergangenen Jahrtausenden von Bedeutung war.

Der Kanon aus dem Jahr 2010 ist heute zwar nicht weniger wissenswert, aber auch nicht mehr wirklich aktuell. Der neue Test enthält daher Wissensgebiete, die im vergangenen Jahrzehnt stark an Bedeutung gewonnen haben: Klimakrise, Migration, Digitalisierung. Und die Fragen beziehen sich in allen Gebieten vor allem auf Ereignisse aus diesen zehn Jahren seit dem letzten Wissenstest. Da ist eine Menge hinzugekommen!

Stellen Sie sich einmal kurz vor, Sie hätten die letzten zehn Jahre allein auf einer abgeschiedenen Insel gelebt: Sie hätten noch nie von Präsident Trump, vom Arabischen Frühling oder der Corona-Seuche gehört. Und ebenso wenig vom Bürgerkrieg in Syrien, von den Flüchtlingskatastrophen auf dem Mittelmeer und dem weltweiten Siegeszug der populistischen Bewegungen. 2010 besaß zudem kaum jemand ein Smartphone, Netflix- oder Spotify-Abonnements waren weitgehend unbekannt. Twitter oder Instagram spielten ebenfalls keine Rolle.

Die Welt ist eine andere geworden in diesen zehn Jahren. Und, last not least, sie ist auch deutlich wärmer geworden. Das zweite Jahrzehnt des 21. Jahrhunderts gilt als das heißeste der Menschheitsgeschichte. Die Folgen der globalen Erwärmung sind uns heute denn auch viel bewusster als damals. Nicht nur »Fridays for Future« hat die Menschheit wachgerüttelt. Die Reaktorkatastrophe von Fukushima markierte den Anfang vom Ende der Atomkraft in Deutschland; neue Technologien der Energiegewinnung setzen sich durch; neue Formen der Mobilität entwickeln sich; die Zahl der Elektroautos wächst, langsam zwar, aber ihre Zukunft scheint unbestritten, Verbrennungsmotoren gelten als Auslaufmodelle.

Wenn Historiker das Jahr 2020 einmal aus ferner Zukunft betrachten werden, gelangen sie womöglich zu dem Schluss, dass in unserer Gegenwart eine neue Epoche begann, auch im Hinblick auf die weltweite Ausbreitung gefährlicher Pandemien. Covid-19 dürfte nicht die letzte Seuche gewesen sein, die sich im Zuge der Globalisierung rasend schnell um den Erdball bewegt und das Leben von Millionen gefährdet. Ob die Wissenschaft mit der Erforschung von Impfstoffen und Medikamenten im Wettlauf gegen die neuen Viren immer mithalten kann?

Journalisten kommt bei alldem eine Schlüsselrolle zu. Sie müssen die Entscheidungen der Politik und die Erkenntnisse der Medizin bewerten und hinterfragen. Vor allem aber sollen sie Brücken bauen zwischen Experten und Laien, sie sollen erklären und vermitteln. Wir haben deswegen diesen Wissenstest um zwei ausführliche Interviews ergänzt. Die Tagesthemen-Moderatorin Caren Miosga berichtet von ihrem Kampf gegen Fake News und für seriöse, umfassende Aufklärung. Sie lasse in ihrer Sendung vor allem Menschen zu Wort kommen, »die ein wirklich fundiertes Wissen haben«, wie sie sagt. Ihr Kollege Ranga Yogeshwar, der prominente Wissenschaftsautor, beklagt die geistige Bequemlichkeit von Politikern und vielen Wählern. Wer sich über komplexe Zusammenhänge nicht informiere, sondern nur anderen nach dem Munde rede, sei den Fragen der Zeit nicht gewachsen, sagt Yogeshwar. »Denken! Denken ist immer gut«, empfiehlt er im Interview.

Dem können wir uns nur anschließen. Wer es sich beim Lösen der 150 Fragen zu leicht macht, wird scheitern. Wer dagegen ein bisschen Geduld mitbringt, dürfte einiges lernen – und sich hoffentlich auch gut unterhalten fühlen. Wir wünschen Ihnen viel Spaß mit dem Wissenstest 2020!

Martin Doerry, Markus Verbeet

Der *neue*
SPIEGEL-Wissenstest

Die Gebrauchsanweisung

1 Wie ist der Test aufgebaut?

Der Test besteht aus 10 Themengebieten. Es sind jeweils 15 Fragen zu lösen, insgesamt also 150.

2 Wie mache ich mit?

Suchen Sie sich einen ruhigen Platz, nehmen Sie einen Stift in die Hand – und los geht's. Sie können sich auch ein Zeitlimit setzen, pro Frage zum Beispiel 30 Sekunden, und dann mit der nächsten Frage weitermachen.

3 Wie ermittle ich mein Ergebnis?

Vergleichen Sie Ihre Antworten mit den Lösungen ab Seite 96. Für jede richtige Antwort geben Sie sich einen Punkt, dann zählen Sie Ihre Punkte zusammen.

Eine Einschätzung Ihres Ergebnisses finden Sie auf Seite 127.

DIE

FRAGEN

I.

WELT

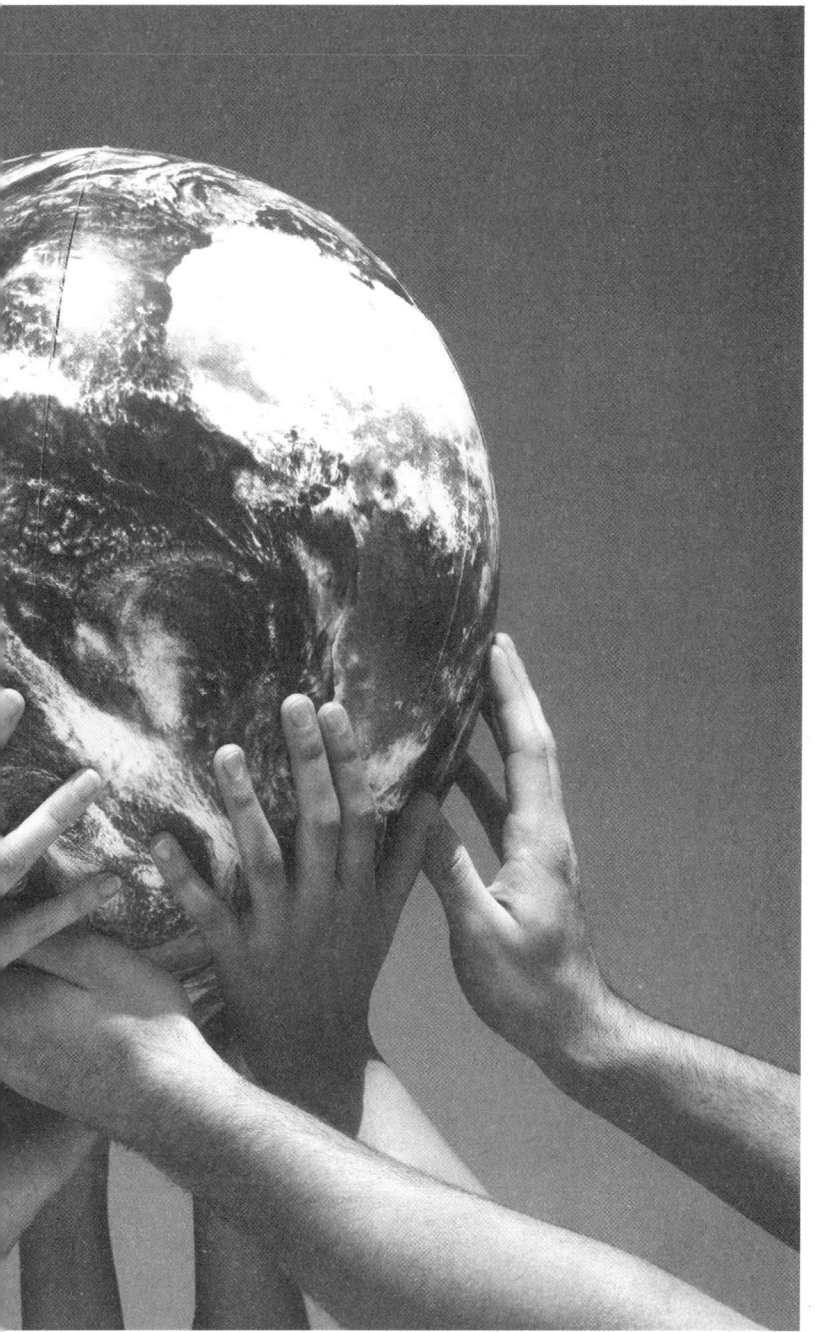

1 In welchem Land begann 2010 der »Arabische Frühling«?

a Algerien

b Ägypten

c Tunesien

d Libanon

2 Wer erhielt im November 2016 bei der US-Präsidentenwahl die meisten Stimmen?

a Hillary Clinton

b Donald Trump

c Gary E. Johnson

d Jill Stein

3 Wo wurde 2011 Osama bin Laden durch einen Einsatz amerikanischer Spezialkräfte getötet?

a Afghanistan

b Iran

c Irak

d Pakistan

Wen machte der türkische Präsident Erdoğan für den Putschversuch 2016 verantwortlich?

4

Muslimbrüder	a
Gülen-Bewegung	b
Kurden	c
USA	d

Welche Region wurde 2014 von Russland annektiert?

5

Ostukraine	a
Baltikum	b
Krim	c
Königsberg	d

Wie starb der libysche Diktator Gaddafi 2011? Er …

6

erlitt einen Schlaganfall.	a
wurde getötet.	b
bekam einen Herzinfarkt.	c
ertrank im Mittelmeer.	d

7 2013 kündigte Nordkorea den Waffen-
stillstandsvertrag, der den Koreakrieg beendet
hatte. Aus welchem Jahr stammt er?

a 1953

b 1968

c 1989

d 2010

8 Wo wurde der frühere US-Präsident
Barack Obama geboren?

a Kenia

b Washington

c Wiesbaden

d Hawaii

Welchen Staat regiert Jacinda Ardern?   9

Australien   a
Großbritannien   b
Kanada   c
Neuseeland   d

Wo verbrachte der Wikileaks-Journalist   10
Julian Assange die Jahre von 2012 bis 2019?

In einem schwedischen Gefängnis   a
In einem Moskauer Hotel   b
In der ecuadorianischen Botschaft in London c
In der russischen Botschaft in Washington   d

11 Wenn Donald Trump die Recherchen von Journalisten diskreditieren will, erklärt er die Informationen zu …

a Bad News

b Fake News

c No News

d Fat News

12 In welchem Staat Südamerikas kam Nicolás Maduro 2013 an die Macht?

a Argentinien

b Brasilien

c Peru

d Venezuela

13 Papst Franziskus übernahm 2013 die Nachfolge von Papst Benedikt XVI. Warum?

a Weil sein Vorgänger starb.

b Weil sein Vorgänger abgewählt wurde.

c Weil die Amtszeit seines Vorgängers abgelaufen war.

d Weil sein Vorgänger sein Amt niederlegte.

2018 wurde der Journalist Jamal Ahmad **14**
Khashoggi im Konsulat seines Heimatlandes
in Istanbul getötet. Woher stammte er?

Iran	**a**
Kuwait	**b**
Saudi-Arabien	**c**
Vereinigte Arabische Emirate	**d**

Welcher religiösen Strömung innerhalb **15**
des Islams gehören die Mitglieder der Terrororganisation »Islamischer Staat« an?

Schiiten	**a**
Sunniten	**b**
Ismaeliten	**c**
Ibaditen	**d**

II.
EUROPA

1 Welche Partei gründete der spätere französische Präsident Emmanuel Macron im Jahr 2016?

a   La République en Marche

b   Rassemblement National

c   Parti socialiste

d   Les Verts

2 In welchem Teil Großbritanniens stimmten 2016 etwa 62 Prozent der Bevölkerung gegen den Brexit?

a   Nordirland

b   Schottland

c   Wales

d   England

3 Wodurch wurden die konservativen Politiker Lech und Jarosław Kaczyński in Polen erstmals bekannt?

a   Als Mitgründer der Gewerkschaft Solidarność

b   Als Gründer der Partei Recht und Gerechtigkeit (PiS)

c   Als Kinderstars im Fernsehen

d   Als Tandemfahrer bei den Olympischen Spielen 1968

4

Nach welchem Modus wollten die Volksparteien vor der Europawahl 2019 den nächsten
Präsidenten der EU-Kommission bestimmen?

Proporz-System	**a**
Regionalverfahren	**b**
Mehrheitswahlrecht	**c**
Spitzenkandidaten-Prinzip	**d**

5

Ordnen Sie die Prinzen George, William und
Charles sowie Prinzessin Charlotte in die aktuelle
Thronfolge des britischen Königshauses ein:

William	Platz	___
Charles	Platz	___
Charlotte	Platz	___
George	Platz	___

6 Aus welchem Land stammt der langjährige EU-Kommissionschef Jean-Claude Juncker?

a   Belgien

b   Frankreich

c   Luxemburg

d   Niederlande

7 Wer erhielt 2012 den Friedensnobelpreis?

a   Angela Merkel

b   Europäische Union

c   Papst Benedikt XVI.

d   Schweiz

8 Was warf man Francesco Schettino, dem Kapitän des 2012 gesunkenen Kreuzfahrtschiffes Costa Concordia, nicht vor?

a   Dass er das Schiff zu nahe an die italienische Küste gelenkt hatte.

b   Dass er das Schiff nicht als Letzter verlassen hatte.

c   Dass er seine Freundin ohne Ticket an Bord geholt hatte.

d   Dass er seine Kapitänsuniform verschenkt hatte.

Welches Land trat 2013 der Europäischen
Union bei?

9

Griechenland	a
Kroatien	b
Türkei	c
Belarus	d

2019 zerbrach die Regierungskoalition in
Österreich infolge einer Affäre.
Nach welcher Insel wird die Affäre gemeinhin
benannt?

10

Donauinsel	a
Ibiza	b
Mallorca	c
Sizilien	d

11 In einem Referendum sprach sich 2017 –
bei geringer Beteiligung – die Mehrheit für
die Unabhängigkeit einer Region aus; der
Präsident der Autonomieregierung wurde später
in Deutschland festgenommen.
Um welche Region handelt es sich?

a Baskenland

b Bretagne

c Flandern

d Katalonien

12 Sanna Marin wurde 2019 im Alter von 34 Jahren
zur Ministerpräsidentin gewählt.
In welchem Land?

a Belgien

b Kroatien

c Finnland

d Island

2011 tötete der Rechtsterrorist   **13**
Anders Behring Breivik 77 Menschen. Wo?

Dänemark	**a**
Finnland	**b**
Norwegen	**c**
Schweden	**d**

Wie heißt seit Dezember 2019 der Amtssitz   **14**
von Ursula von der Leyen?

Bendlerblock	**a**
Berlaymont	**b**
Élysée-Palast	**c**
Reichstag	**d**

Welches Land hat nicht den Euro als Währung   **15**
eingeführt?

Dänemark	**a**
Malta	**b**
Litauen	**c**
Zypern	**d**

III.

DEUTSCHLAND

1 Im Jahr 2010 veröffentlichte Thilo Sarrazin den antimuslimischen Bestseller …

a »Deutschland schafft sie alle«

b »Deutschland schafft sich ab«

c »Denk ich an Deutschland in der Nacht«

d »Deutschland den Deutschen«

2 2018 verzichtete Bundeskanzlerin Angela Merkel auf das Amt der CDU-Vorsitzenden. Wer folgte ihr nach?

a Armin Laschet

b Jens Spahn

c Friedrich Merz

d Annegret Kramp-Karrenbauer

Was wurde hier fotografiert? 3

4 Welche Parteienkonstellation hat die Bundesrepublik Deutschland am längsten regiert?

a CDU / CSU – SPD

b CDU / CSU – FDP

c SPD – FDP

d SPD – Grüne

5 Wer waren die Vorgänger der grünen
Doppelspitze Baerbock / Habeck?

a Cem Özdemir und Simone Peter

b Jürgen Trittin und Claudia Roth

c Fritz Kuhn und Renate Künast

d Reinhard Bütikofer und Angelika Beer

6 Bringen Sie die SPD-Vorsitzenden in die richtige
Reihenfolge:

__ Sigmar Gabriel

__ Andrea Nahles

__ Norbert Walter-Borjans / Saskia Esken

__ Martin Schulz

Welcher Partei gehörte der AfD-Politiker Alexander Gauland früher an? 7

NPD	a
CSU	b
CDU	c
Republikaner	d

In welchem Bundesland wurde die erste rot-rot-grüne Koalition Westdeutschlands gebildet? 8

Hamburg	a
Schleswig-Holstein	b
Bremen	c
Niedersachsen	d

Wer sagte im November 2017: »Es ist besser, nicht zu regieren, als falsch zu regieren«? 9

CDU-Chefin Angela Merkel	a
CSU-Chef Horst Seehofer	b
Grünen-Fraktionschefin Katrin Göring-Eckardt	c
FDP-Chef Christian Lindner	d

10 Wer hat die Berliner Behörde zur Aufarbeitung der Stasi-Unterlagen nicht geleitet?

a Gregor Gysi

b Marianne Birthler

c Joachim Gauck

d Roland Jahn

11 Beate Zschäpe wurde nach mehrjähriger Verhandlung im Juli 2018 unter anderem wegen Mitgliedschaft im »Nationalsozialistischen Untergrund« verurteilt. Von welchem Gericht?

a Amtsgericht Jena

b Landgericht Zwickau

c Oberlandesgericht München

d Bundesgerichtshof

12 Was wurde in Deutschland im Jahr 2011 ausgesetzt?

a Führerscheinpflicht

b Schulpflicht

c Wehrpflicht

d Wahlpflicht

Im Dezember 2016 starben zwölf Menschen auf **13**
dem Breitscheidplatz in Berlin. Was fand dort
zum Zeitpunkt des Terroranschlags statt?

Demonstration	a
Gottesdienst	b
Schulfest	c
Weihnachtsmarkt	d

Wer wurde 2013 von einer »Stern«-Journalistin **14**
beschuldigt, er habe zu ihr den Satz gesagt:
»Sie können ein Dirndl auch ausfüllen«?

Dieter Bohlen	a
Jürgen Drews	b
Joschka Fischer	c
Rainer Brüderle	d

Welche deutsche Partei hatte 2019 die meisten **15**
Fans bei Facebook?

AfD	a
Grüne	b
SPD	c
Die Partei	d

IV.

KLIMAKRISE

1 Wodurch wurde 2011 der Gau im japanischen Kernkraftwerk Fukushima ausgelöst?

a Erdbeben mit Tsunami

b Sturmflut mit Stromausfall

c Meteoritenabsturz

d Menschliches Versagen

2 In welcher deutschen Stadt wurde 2018 das erste Fahrverbot für Diesel-Pkw erlassen?

a Stuttgart

b Berlin

c Hamburg

d Aachen

3 Sie sind mit Ihrem Mittelklasse-Pkw 100 000 Kilometer gefahren. Welcher Antrieb hat bis dahin derzeit die günstigste CO_2-Bilanz?

a Diesel

b Benzin

c Elektro

d Wasserstoff

Welche Bewegung gründete die Schwedin
Greta Thunberg?

4

Friends for Future **a**

Fridays for Future **b**

Stop the Climate Change **c**

Fridays for Paradise **d**

5 Die internationale Klimapolitik hat sich auf einen Grenzwert verständigt, um die globale Erwärmung zu bekämpfen. Um wie viel Grad soll die Durchschnittstemperatur bis zum Jahr 2100 höchstens steigen?

a   1 Grad

b   2 Grad

c   2 Grad

d   3 Grad

6 Welches war das wärmste Jahr seit Beginn der Wetteraufzeichnungen?

a   1986

b   1996

c   2006

d   2016

7 Was verändert der Klimawandel nicht? Die …

a   Häufigkeit von Wetterextremen

b   Größe der Wüsten

c   Geschwindigkeit der Erdrotation

d   Eisschicht auf den Polkappen

Im Golf von Mexiko ging 2010 eine Förderplattform unter, monatelang floss Öl ins Meer.
Wie hieß die Plattform?

8

Brent Spar	a
Deepwater Horizon	b
Piper Alpha	c
Rainbow Warrior	d

Der Anteil der erneuerbaren Energien am Brutto-
stromverbrauch in Deutschland lag im Jahr 2000
bei rund sechs Prozent. Auf welchen Prozentsatz
stieg der Anteil bis zum Jahr 2019? Rund

9

10 Prozent	a
20 Prozent	b
30 Prozent	c
40 Prozent	d

Im Jahr 2011 wurde der Atomausstieg
beschlossen. Bis wann sollen die Kernkraftwerke in Deutschland abgeschaltet sein?

10

Die Kraftwerke wurden bereits abgeschaltet.	a
Bis zum Jahr 2022	b
Bis zum Jahr 2042	c
Bis zum Jahr 2062	d

11 Welches Land hat den größten CO_2-Ausstoß?

a Brasilien

b China

c Indien

d USA

12 Was rief Konstanz im Mai 2019 als erste deutsche Kommune aus?

a Autofreien Sonntag

b Energiewende

c Hitzesommer

d Klimanotstand

13 Welcher Staat verfügt – trotz massiver Abholzungen – über die größte Fläche von Regenwald?

a Brasilien

b Demokratische Republik Kongo

c Indonesien

d Peru

Was wurde 2018 zum »Wort des Jahres« in **14**
Deutschland gewählt?

Fahrverbot	**a**
Heißzeit	**b**
Klimaleugner	**c**
Supersommer	**d**

Die Europäische Kommission stellte 2019 ein **15**
Konzept vor, um die Netto-Emissionen von
Treibhausgasen bis 2050 auf null zu reduzieren.
Wie heißt es?

European Green Deal	**a**
Europeans for Future	**b**
LIFE+	**c**
Zero Tolerance	**d**

V.
MIGRATION

1 Was sagte Bundeskanzlerin Angela Merkel im Herbst 2015 zur Flüchtlingskrise?

a »Wir schaffen es.«

b »Ihr schafft das.«

c »Wir schaffen das.«

d »Sie schaffen uns.«

2 Wie heißt das Schiff, mit dem die deutsche Kapitänin Carola Rackete Flüchtlinge auf dem Mittelmeer gerettet hat?

a Sea Watch

b Open Arms

c Lifesaver

d Hanseatic

Was wollte US-Präsident Donald Trump laut **3**
einem Dekret von 2017 an der Grenze zu Mexiko
errichten?

Eine Selbstschussanlage	**a**
Eine Mauer	**b**
Ein Willkommenszentrum	**c**
Einen Metallzaun	**d**

Auf welcher Mittelmeerinsel befand sich **4**
im Frühjahr 2020 das größte Flüchtlingslager
Europas?

Chios	**a**
Zypern	**b**
Sizilien	**c**
Lesbos	**d**

Welchem Staat zahlt die EU laut einem **5**
Abkommen von 2016 mehr als fünf Milliarden
Euro für die Begrenzung der Flüchtlingsströme?

Libyen	**a**
Syrien	**b**
Libanon	**c**
Türkei	**d**

6 Die Staaten Polen, Tschechien, Slowakei und Ungarn haben sich zuletzt immer wieder gegen die Aufnahme von Flüchtlingen entschieden. Wie heißt die von diesen Ländern gebildete Staatengruppe?

a   Visegrád

b   Benelux

c   Eurofour

d   Norefugees

7 Welche italienische Insel ist das wichtigste Ziel von Flüchtlingsbooten aus Afrika?

a   Sardinien

b   Elba

c   Lampedusa

d   Capri

8 Wo hat das Bundesamt für Migration und Flüchtlinge (BAMF) seinen Sitz?

a   Bremen

b   Dresden

c   Köln

d   Nürnberg

9

Wer genießt laut Artikel 16a des Grundgesetzes Asylrecht?

Politisch Verfolgte	**a**
Schwerkranke	**b**
Von Bürgerkriegen Betroffene	**c**
Wirtschaftlich Benachteiligte	**d**

10

Wie viele Menschen waren laut dem UN-Flüchtlingskommissar Ende 2018 weltweit auf der Flucht? Rund

700 000	**a**
7 Millionen	**b**
70 Millionen	**c**
700 Millionen	**d**

11

Aus welchem Land machten sich seit 2018 mehrmals Tausende Menschen auf, um in die USA zu marschieren?

Chile	**a**
Honduras	**b**
Kanada	**c**
Mexiko	**d**

12 Wie heißt die Europäische Agentur für die Grenz- und Küstenwache?

a Europol

b Erasmus

c ESA

d Frontex

13 Aus welchem Land kamen 2019 die meisten Menschen, die in Deutschland einen Antrag auf Asyl gestellt haben?

a Afghanistan

b Irak

c Nigeria

d Syrien

Verordnungen im Rahmen des Gemeinsamen **14**
Europäischen Asylsystems regeln, welcher
Mitgliedstaat einen Asylantrag prüft.
Nach welcher Stadt sind sie benannt?

Athen	**a**
Budapest	**b**
Calais	**c**
Dublin	**d**

Mehrere hunderttausend Rohingya – **15**
Angehörige einer muslimischen Minderheit –
flohen ab 2017 nach Bangladesch.
Aus welchem Land?

China	**a**
Indien	**b**
Myanmar	**c**
Thailand	**d**

VI.
DIGITALISIERUNG

1 Wie heißt der Konzern, dem Google gehört?

a   Apostrophe

b   Question Mark

c   Alphabet

d   Comma

2 An welchem Unternehmen ist Mark Zuckerberg nicht beteiligt?

a   Instagram

b   Snapchat

c   WhatsApp

d   Facebook

3 2017 wurde die maximale Zeichenzahl für einen Tweet bei Twitter erhöht. Von …

a   140 auf 380

b   120 auf 240

c   140 auf 280

d   140 auf 240

Wie viele Suchanfragen stellen Menschen
pro Tag bei Google? Rund

4

3,5 Millionen	**a**
3,5 Milliarden	**b**
3,5 Billionen	**c**
3,5 Billiarden	**d**

Wenn von Trollen im Internet die Rede ist,
so handelt es sich um …

5

Provokateure	**a**
kleinwüchsige Menschen	**b**
nordische Fabelwesen	**c**
Klabautermänner	**d**

Was ist keine digitale Kryptowährung?

6

Bitcoin	**a**
Spam	**b**
Dash	**c**
Tronix	**d**

7 2016 wurde Pokémon Go veröffentlicht, eines der erfolgreichsten Spiele. Was müssen die Spieler fangen?

a Bälle

b Klötzchen

c Fantasiewesen

d Ritter

8 Wer verwarf 2010 das Gesetz zur Vorratsdatenspeicherung?

a Bundespräsident

b Bundesverfassungsgericht

c Europäischer Gerichtshof für Menschenrechte

d Volksabstimmung

9 Mit welchem Begriff wird die Gleichbehandlung von Daten bei der Übertragung im Internet bezeichnet?

a Computerchaos

b Webdemokratie

c Netzneutralität

d Internetanarchie

Kanzlerin Angela Merkel sagte 2013 bei einem Besuch von Barack Obama: Das Internet ist für uns alle …

10

längst Alltag.	a
ein unbekanntes Wesen.	b
Neuland.	c
ein Segen.	d

Bianca »Bibi« Claßen betreibt einen erfolgreichen YouTube-Kanal. Was zählt zu ihren Themenschwerpunkten?

11

Kochshows	a
Mode und Kosmetik	b
Kraftsport	c
Naturwissenschaften	d

12 Was brachte Apple im Jahr 2015 auf den Markt?

a   Kühlschrank

b   Mixer

c   Uhr

d   Rasenmäher

13 Welches Wort stand Anfang 2020 nicht im Duden?

a   facebooken

b   tindern

c   tiktokken

d   whatsappen

14 Wie viele Nutzerinnen und Nutzer verzeichnet das Videoportal YouTube jeden Monat? Rund

a   2 Millionen

b   20 Millionen

c   200 Millionen

d   2 Milliarden

Vor der Europawahl 2019 wurde ein Video von **15**
Rezo viel diskutiert. Wie hatte er es genannt?

Der Aufstieg der Grünen	**a**
Der Niedergang der SPD	**b**
Die Verherrlichung der FDP	**c**
Die Zerstörung der CDU	**d**

VII.
WIRTSCHAFT

1 Für welches Land wurde 2010 erstmals der Euro-Rettungsschirm aufgespannt?

a Zypern

b Portugal

c Griechenland

d Spanien

2 In welchem Bundesland will das US-Unternehmen Tesla eine Fabrik für Elektroautos bauen?

a Brandenburg

b Bayern

c Baden-Württemberg

d Bremen

3 Was ist gemeint, wenn in Städten eine Gentrifizierung festgestellt wird?

a Wachsende Zahl männlicher Bewohner

b Verdrängung finanziell schwacher Bevölkerungskreise

c Zuzug von außereuropäischen Migranten

d Durchmischung der sozialen Schichten

Als der frühere Präsident der Europäischen
Zentralbank (EZB) Mario Draghi von einer
»Bazooka« sprach: Was meinte er?

4

die Abwertung des Euro gegenüber dem Dollar	a
den massiven Kauf von Staatsanleihen durch die EZB	b
den Kauf von Blue Chips durch die EZB	c
den Verkauf von Staatsanleihen durch die EZB	d

Um den Anstieg der Wohnungsmieten zu
begrenzen, hat der Berliner Senat im Januar 2020
ein Gesetz beschlossen, den sogenannten …

5

Mietenschnitt	a
Mietendeckel	b
Mietensenker	c
Mietenwahnsinn	d

2014 wurde Uli Hoeneß, damals Präsident von
Bayern München, zu dreieinhalb Jahren Haft
verurteilt. Und zwar wegen …

6

Steuerhinterziehung	a
Insiderbetrug an der Börse	b
versuchter Bestechung	c
übler Nachrede und Beleidigung	d

7 2015 eröffnete die Europäische Zentralbank ihren Neubau. In welcher Stadt steht er?

a Brüssel

b Frankfurt am Main

c London

d Zürich

8 Mit welchem Staat schloss die EU im Jahr 2017 das CETA-Abkommen?

a China

b Kanada

c Schweiz

d USA

9 Welche Organisation leitete Christine Lagarde von 2011 bis 2019 als erste Frau?

a Europäische Zentralbank (EZB)

b Internationaler Währungsfonds (IWF)

c Organisation für wirtschaftliche Zusammenarbeit und Entwicklung (OECD)

d Welthandelsorganisation (WTO)

Wie viele aktive Steinkohlezechen gibt es noch **10**
in Deutschland?

0	**a**
5	**b**
50	**c**
500	**d**

Welches Unternehmen flog 2020 aus dem DAX? **11**

Adidas	**a**
Bayer	**b**
Lufthansa	**c**
Siemens	**d**

12 Welche Tageszeitung
besitzt der Amazon-
Chef Jeff Bezos?

a New York Times

b Boston Globe

c Washington Post

d Wall Street Journal

13 Wie hoch ist in etwa der Betrag, den ein
Musiker für den Abruf eines Musikstücks
bei Spotify erhält?

a 0,4 Cent

b 4 Cent

c 40 Cent

d 4 Euro

Wann wurde – mit Jennifer Morgan bei SAP – erstmals eine Frau an die Spitze eines Dax-Konzerns berufen?

14

1959	a
1979	b
1999	c
2019	d

Was haben die Firmen Airbnb, BlaBlaCar und Couchsurfing gemeinsam?

15

Sie lassen sich der Sharing Economy zuordnen.	a
Sie sind europaweit verboten.	b
Sie wollen keinen Gewinn erzielen.	c
Sie wurden in Deutschland gegründet.	d

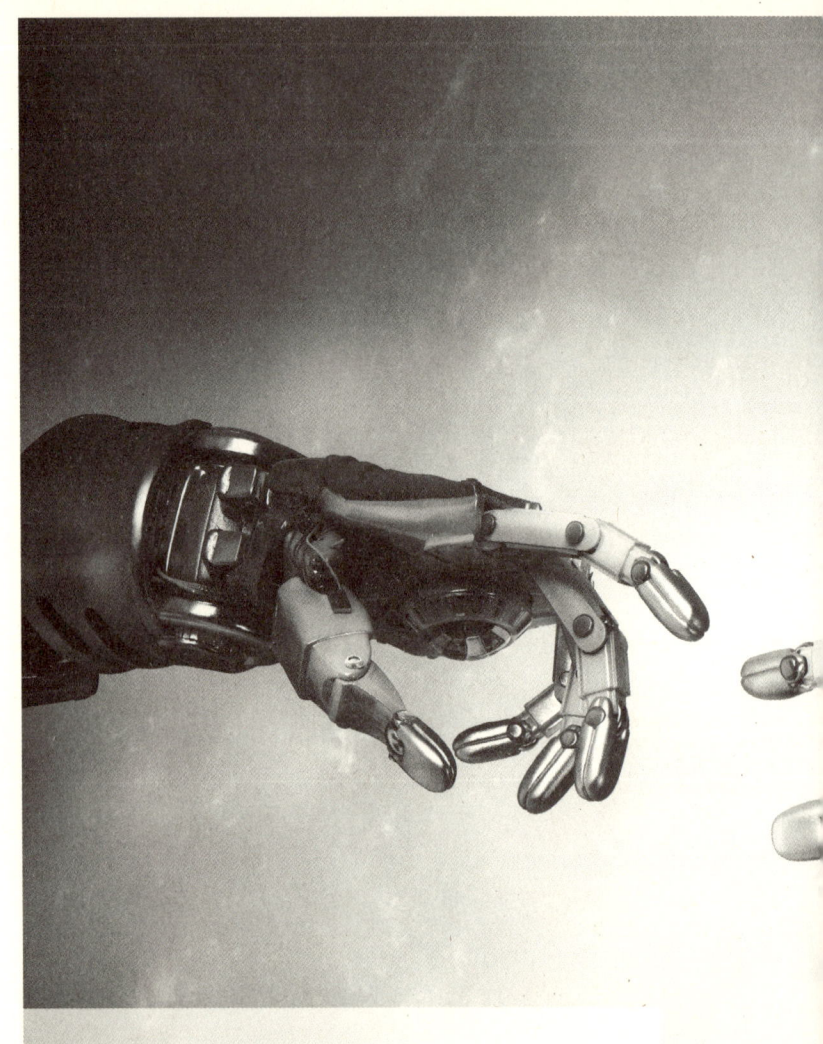

VIII.
WISSENSCHAFT
UND TECHNIK

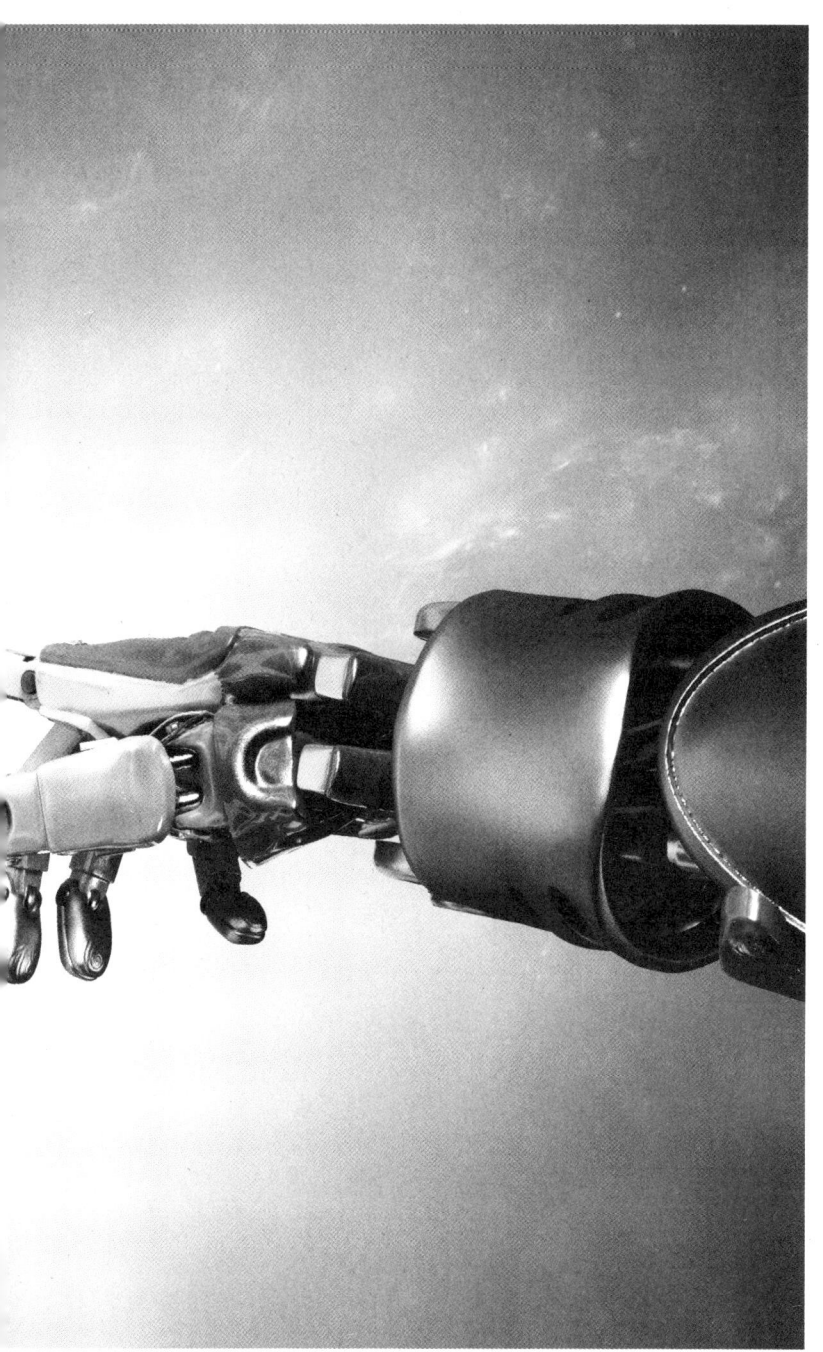

1 In welchem Land wurden die ersten Corona-Fälle registriert?

a Südkorea

b Italien

c China

d USA

2 Warum sprang der Österreicher Felix Baumgartner 2012 aus 40 Kilometern Höhe mit dem Fallschirm ab?

a Weil er lebensmüde war.

b Weil sein Flugzeug vom Kurs abgekommen war.

c Um als erster Mensch im freien Fall die Schallgeschwindigkeit zu überschreiten.

d Weil ihn sein Ballon zu hoch in den Weltraum getragen hatte.

Welcher Politiker verlor seinen Doktortitel nicht, **3**
obwohl er bei seiner Dissertation schlampig
gearbeitet hatte?

Michael Neumann	a
Karl-Theodor zu Guttenberg	b
Silvana Koch-Mehrin	c
Bernd Althusmann	d

Wogegen müssen Kinder in Deutschland seit **4**
März 2020 laut einem Schutzgesetz geimpft sein?

Grippe	a
Kinderlähmung	b
Masern	c
Tetanus	d

Wovon konnten Forscher dank des Projekts **5**
»Event Horizon Telescope« im Jahr 2019
erstmals eine Aufnahme veröffentlichen?

Erdkern	a
Gravitationswellen	b
Nessie	c
Schwarzes Loch	d

6 Ordnen Sie die folgenden vier Epidemien den Jahren zu, in denen sie ausgebrochen sind: Corona (1), Sars (2), Spanische Grippe (3), Mers (4)

__ 1918

__ 2002

__ 2015

__ 2019

7 Welcher Mobilfunkstandard findet seit 2019 Verbreitung?

a 2G

b 3G

c 4G

d 5G

8 Das Volksbegehren »Artenvielfalt & Natur-schönheit in Bayern« im Jahr 2019 wurde bekannt unter dem Motto: Rettet die …

a Alpen

b Bienen

c Seen

d Wölfe

In welchem Spiel siegte künstliche Intelligenz **9**
im Jahr 2019 erstmals gegen mehrere Mitspieler?

Dame	**a**
Mensch ärgere Dich nicht	**b**
Poker	**c**
Schach	**d**

Wie viele Wolfsrudel gibt es laut Angaben des **10**
Bundesamts für Naturschutz vom Dezember 2019
wieder in Deutschland? Rund

1	**a**
100	**b**
10 000	**c**
100 000	**d**

11 Die NASA-Raumsonde Messenger erreichte 2011 nach siebenjähriger Reise den kleinsten und sonnennächsten Planeten. Wie heißt er?

a Jupiter

b Mars

c Merkur

d Neptun

12 In den vergangenen Jahren demonstrierten Wissenschaftler weltweit für den Wert von Wissenschaft und Forschung. Wie hießen die Demonstrationen?

a March for Science

b March on Washington

c Science for all

d Walk for Freedom

13 Der Frauenanteil innerhalb der Professorenschaft deutscher Hochschulen lag nach Angaben des Statistischen Bundesamts im Jahr 2018 bei …

a 5 Prozent

b 25 Prozent

c 50 Prozent

d 75 Prozent

14 2010 wurde der Computerwurm Stuxnet entdeckt. Wogegen richtete sich das Schadprogramm, soweit bekannt, in besonderem Maß?

Iranisches Atomprogramm	a
Kolumbianische Farc	b
Nordkoreanische Raketen	c
Panamaische Schwarzgeldkonten	d

15 Was verbindet die Physikerin Donna Strickland,
die Chemikerin Frances H. Arnold und die
Ökonomin Esther Duflo?
Sie sind …

Beraterinnen des russischen Präsidenten Putin	a
Nobelpreisträgerinnen	b
Studienabbrecherinnen	c
Verschwörungstheoretikerinnen	d

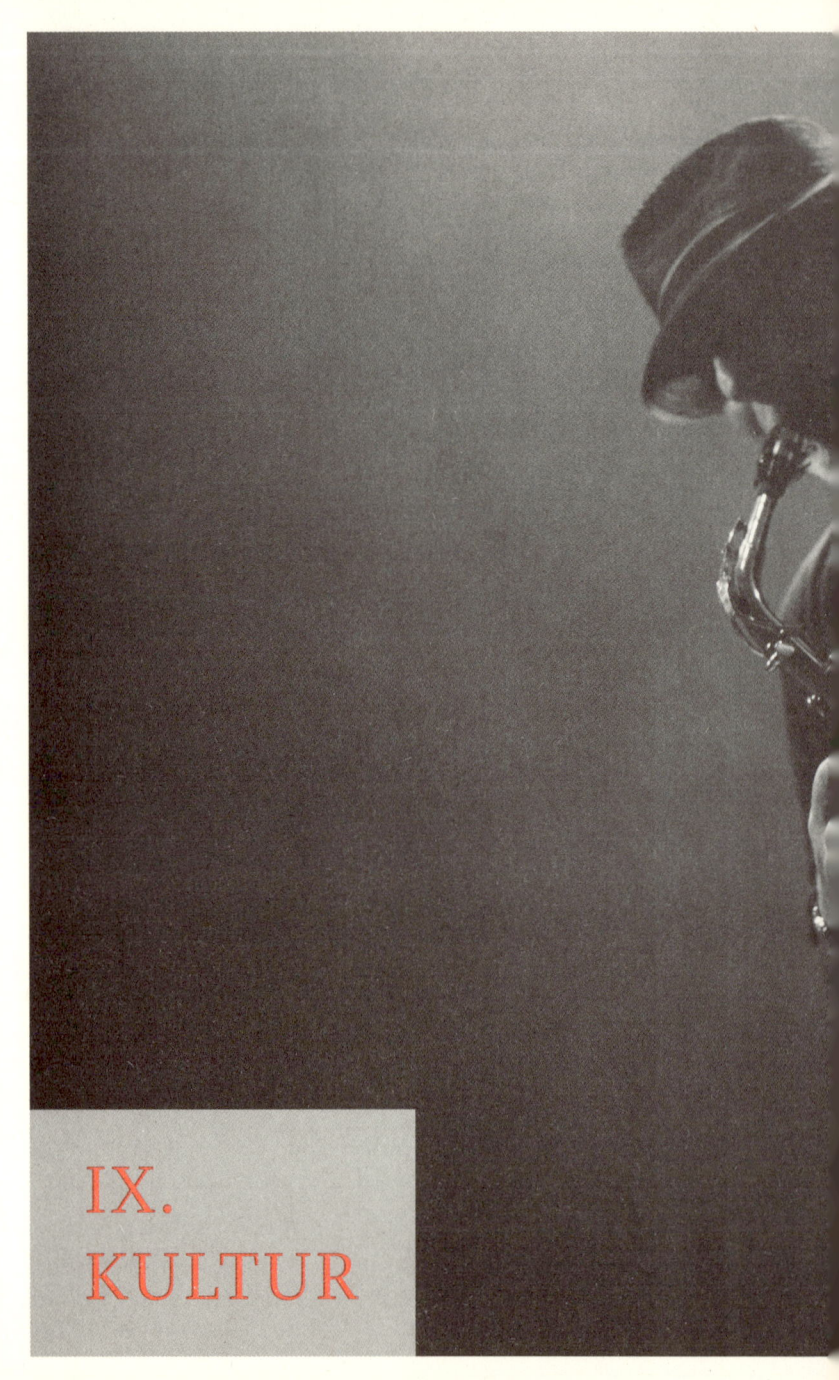

IX.
KULTUR

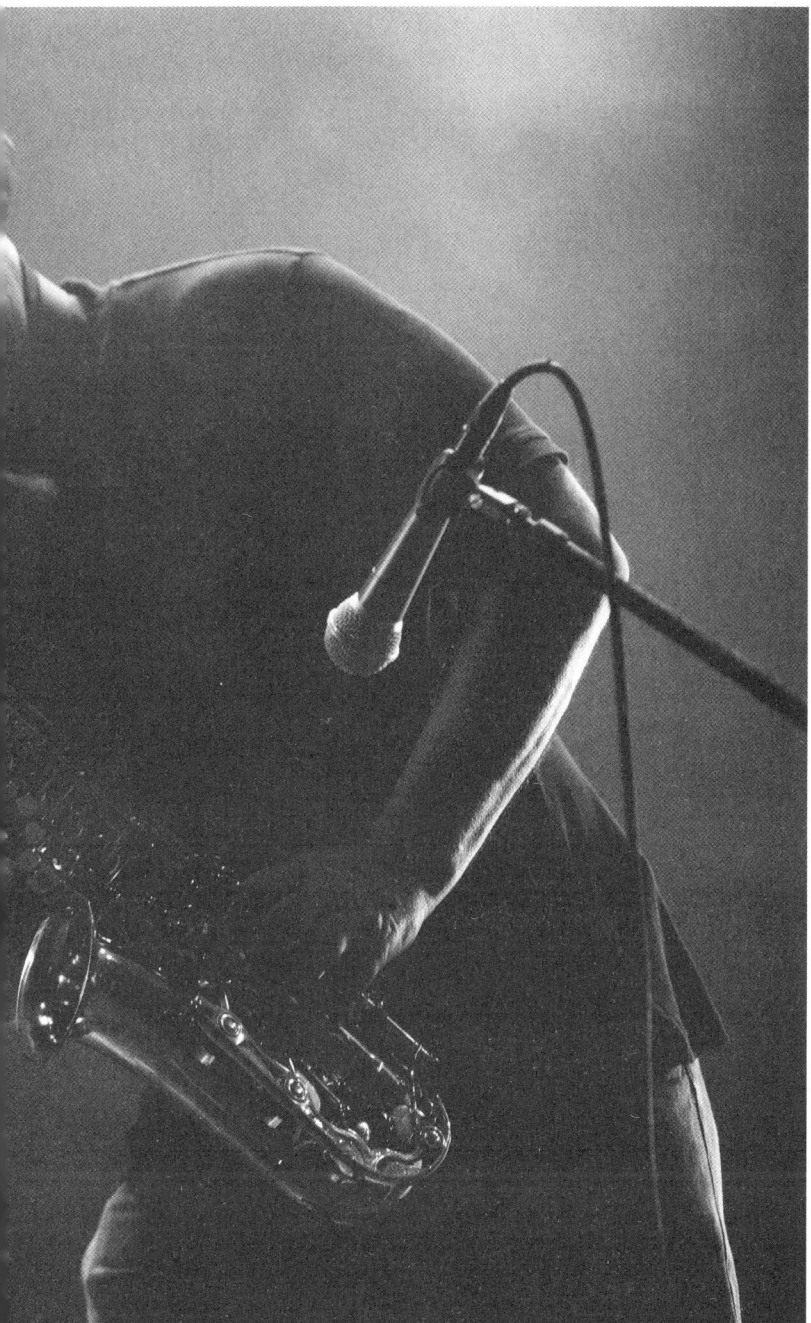

1 Wie heißen die Architekten dieses Gebäudes?

a   Herzog / Meuron

b   Gerkan / Marg

c   Gropius / Le Corbusier

d   Fritz und Paul Schumacher

2 Wie heißt ein Song der Schlagersängerin
Helene Fischer?

a   Atemlos durch die Nacht

b   Erfolglos durch die Nacht

c   Kompromisslos in der Nacht

d   Nichts los in der Nacht

Das Berliner Schloss ist neu errichtet worden. **3**
Warum existierte es nicht mehr?

Weil es im Zweiten Weltkrieg bombardiert worden war. **a**

Weil es baufällig geworden war. **b**

Weil es 1950 von der DDR-Regierung abgerissen wurde. **c**

Weil es während der Revolution 1918 verwüstet worden **d**
war.

2016 erhielt ein Popstar den Nobelpreis für **4**
Literatur. Wer war das?

Paul McCartney **a**

Bob Dylan **b**

Bob Geldof **c**

Sting **d**

Diese Kathedrale **5**
wurde 2019 durch ein
Großfeuer weitgehend
zerstört. Um welche
Kirche handelt es sich?

Kölner Dom **a**

Ulmer Münster **b**

Kathedrale von Reims **c**

Notre-Dame in Paris **d**

avenidas
avenidas y flores

flores
flores y mujeres

avenidas
avenidas y mujeres

avenidas y flores y mujeres y
un admirador

eugen gomringer
Alice Salomon Poetik Preis 2011

6 Mit welcher Begründung wurde Eugen
Gomringers Gedicht »Avenidas« 2018 von der
Fassade einer Berliner Hochschule entfernt?
Studierende kritisierten den Text als …

a Populistisch

b Rassistisch

c Sexistisch

d Antisemitisch

Welcher Filmproduzent löste 2017 mit seinem Verhalten die #MeToo-Debatte aus?

7

Harvey Weinstein	a
Woody Allen	b
George Lucas	c
Clint Eastwood	d

Wie lautet der Titel der Autobiografie von Michelle Obama?

8

Becoming famous	a
Believe	b
Being me	c
Becoming	d

Wegen der Corona-Krise wurden die Oberammergauer Passionsspiele vom Mai 2020 ins Jahr 2022 verschoben. In welchem Rhythmus finden die Festspiele seit dem 17. Jahrhundert normalerweise statt?

9

Jährlich	a
Alle zwei Jahre	b
Alle fünf Jahre	c
Alle zehn Jahre	d

10 Wo befanden sich zahlreiche Kunstwerke des 2014 verstorbenen Sammlers Cornelius Gurlitt?

a In hochgesicherten Depots in der Schweiz

b In seiner Wohnung in München

c Als Leihgaben im Louvre in Paris

d Bei diversen Kunsthändlern weltweit

11 Wie heißt der 2015 erschienene Roman des französischen Schriftstellers Michel Houellebecq?

a Untermenschen

b Unterwerfung

c Überhöhung

d Überschätzung

12 Welcher Name ist ein Pseudonym?

a Catherine Millet

b Elena Ferrante

c Alice Munro

d Juli Zeh

Wie heißt ein bekannter deutscher Rapper?   13

Bewährung	a
Haftbefehl	b
Zwangsvollstrecker	c
Zensur	d

Welcher ist der bislang finanziell erfolgreichste 14 Film der Geschichte?

Titanic	a
Avengers: Endgame	b
Der weiße Hai	c
Mission Impossible	d

Mit welchem Titel gewann Lena Meyer-Landrut 15 2010 den Eurovision Song Contest?

Ein bisschen Frieden	a
Satellite	b
Stardust	c
Taken by a Stranger	d

X.
SPORT

1

2013 und 2020 gewann Bayern München das sogenannte Triple. Welcher Wettbewerb gehörte nicht dazu?

a Deutsche Meisterschaft

b DFB-Pokal

c UEFA-Europa League

d Champions League

2

Wer gewann 2010 als bislang jüngster Fahrer die Formel-1-Weltmeisterschaft?

a Nico Hülkenberg

b Nico Rosberg

c Michael Schumacher

d Sebastian Vettel

3

Welcher Sport wurde für die Olympischen Spiele, die 2020 in Tokio stattfinden sollten, neu ins Programm aufgenommen?

a Frisbee

b Minigolf

c Skateboard

d Tipp-Kick

Bei der Fußball-WM 2014 in Brasilien gewann **4**
Deutschland den Titel. Wie lautete das Ergebnis
des Halbfinalspiels Deutschland-Brasilien?

1:0	a
7:0	b
7:1	c
2:7	d

Welches Land wurde 2019 wegen staatlichen **5**
Dopings für vier Jahre von allen sportlichen
Großveranstaltungen ausgeschlossen?

China	a
USA	b
Deutschland	c
Russland	d

Welchen Politiker trafen die deutschen **6**
Fußballnationalspieler Mesut Özil und İlkay
Gündoğan 2018 und sorgten damit für einen
Skandal?

Wladimir Putin	a
Recep Tayyip Erdoğan	b
Donald Trump	c
Kim Jong-un	d

7 Wegen der Corona-Pandemie bestritt die Fußball-Bundesliga die letzten Spieltage der Saison 2019/2020 ohne Publikum. Wie wurden die Spiele genannt?

a   Phantomspiele

b   Geisterspiele

c   Coronaspiele

d   Finalspiele

8 Natalie Geisenberger gewann insgesamt vier Goldmedaillen bei den Olympischen Spielen 2014 und 2018. In welcher Sportart?

a   Biathlon

b   Eisschnelllauf

c   Kanu

d   Rodeln

9 Welcher Verein gewann zwischen 2010 und 2020 am häufigsten den Titel in der Frauen-Bundesliga?

a   1. FFC Frankfurt

b   FC Bayern München

c   1. FFC Turbine Potsdam

d   VfL Wolfsburg

Der Deutsche Fußball-Bund ist der größte **10**
nationale Sportverband mit etwa sieben
Millionen Mitgliedern. Wer war im Jahr 2020
der zweitgrößte Verband?

Deutscher Alpenverein	**a**
Deutscher Schützenbund	**b**
Deutscher Tennis-Bund	**c**
Deutscher Turner-Bund	**d**

Der Sprinter Usain Bolt ist einer **11**
der erfolgreichsten Leichtathleten.
Aus welchem Land stammt er?

Großbritannien	**a**
Jamaika	**b**
Trinidad und Tobago	**c**
USA	**d**

12 Dirk Nowitzki gewann 2011 als erster Deutscher die Meisterschaft in der US-amerikanischen Basketballliga NBA. Mit welchem Team?

a   Boston Celtics

b   Chicago Bulls

c   Dallas Mavericks

d   Los Angeles Lakers

2019 wurde der Deutsche Oliver Zeidler **13**
Ruderweltmeister im Einer. In welcher Sportart
hatte er bis 2016 an internationalen
Wettbewerben teilgenommen?

Gewichtheben	a
Radfahren	b
Segeln	c
Schwimmen	d

Erstmals seit fast zwei Jahrzehnten führte 2016 **14**
wieder eine Deutsche die Tennis-Weltrangliste
an. Wer?

Julia Görges	a
Angelique Kerber	b
Sabine Lisicki	c
Andrea Petković	d

In welcher Sportart durften Frauen 2012 **15**
erstmals an Olympischen Spielen teilnehmen?

Boxen	a
Fußball	b
Kanu	c
Schießen	d

DIE
AUFLÖSUNG

I. Welt

In welchem Land begann 2010 der »Arabische Früh- *1*
ling«?

c Tunesien

Wer erhielt im November 2016 bei der US-Präsiden- *2*
tenwahl die meisten Stimmen?

a Hillary Clinton. Sie gewann etwa drei Millionen
Stimmen mehr als Donald Trump, aber weniger Wahlmänner als er. Die Zahl der den einzelnen Bundesstaaten zugeordneten Wahlmänner entspricht nicht exakt
der Zahl der Einwohner der Bundesstaaten.

Wo wurde 2011 Osama bin Laden durch einen Einsatz *3*
amerikanischer Spezialkräfte getötet?

d In Pakistan

Wen machte der türkische Präsident Erdoğan für den *4*
Putschversuch 2016 verantwortlich?

b Gülen-Bewegung

Welche Region wurde 2014 von Russland annektiert? *5*

c Krim

6   Wie starb der libysche Diktator Gaddafi 2011? Er …
    b wurde getötet.

7   2013 kündigte Nordkorea den Waffenstillstandsver-
    trag, der den Koreakrieg beendet hatte. Aus welchem
    Jahr stammt er?
    a 1953

8   Wo wurde der frühere US-Präsident Barack Obama
    geboren?
    d Hawaii

9   Welchen Staat regiert
    Jacinda Ardern?
    d Neuseeland

10 Wo verbrachte der Wikileaks-Journalist Julian Assange
    die Jahre von 2012 bis 2019?
    c In der ecuadorianischen Botschaft in London

11 Wenn Donald Trump die Recherchen von Journalisten
    diskreditieren will, erklärt er die Informationen zu …
    b Fake News

12 In welchem Staat Südamerikas kam Nicolás Maduro
    2013 an die Macht?
    d Venezuela

Papst Franziskus übernahm 2013 die Nachfolge von
Papst Benedikt XVI. Warum?

d Weil sein Vorgänger sein Amt niederlegte.

2018 wurde der Journalist Jamal Ahmad Khashoggi im
Konsulat seines Heimatlandes in Istanbul getötet.
Woher stammte er?

c Saudi-Arabien. Der Kritiker des saudischen Regimes
hatte sich in das Konsulat begeben, weil er Dokumente
für seine Heirat abholen wollte.

Welcher religiösen Strömung innerhalb des Islams
gehören die Mitglieder der Terrororganisation »Islamischer Staat« an?

b Sunniten

II. Europa

1 Welche Partei gründete der spätere französische Präsident Emmanuel Macron im Jahr 2016?

a La République en Marche

2 In welchem Teil Großbritanniens stimmten 2016 etwa 62 Prozent der Bevölkerung gegen den Brexit?

b Schottland. Ebenfalls gegen den Brexit stimmten knapp 56 Prozent der Nordiren, für den Austritt aus der EU stimmten die Wählerinnen und Wähler von England und Wales.

3 Wodurch wurden die konservativen Politiker Lech und Jarosław Kaczyński in Polen erstmals bekannt?

c Als Kinderstars im Fernsehen. Später gehörten die beiden zu den Gründern der Gewerkschaft Solidarność und der Partei Recht und Gerechtigkeit (PiS).

4 Nach welchem Modus wollten die Volksparteien vor der Europawahl 2019 den nächsten Präsidenten der EU-Kommission bestimmen?

d Spitzenkandidaten-Prinzip

Ordnen Sie die Prinzen George, William und Charles   5
sowie Prinzessin Charlotte in die aktuelle
Thronfolge des britischen Königshauses ein:
Platz 1: **Prinz Charles** (der älteste Sohn von
Königin Elisabeth II.). Platz 2: **Prinz William**
(der ältere Sohn von Prinz Charles). Platz 3: **Prinz
George** (der ältere Sohn von Prinz William). Platz 4:
Prinzessin Charlotte (Tochter von Prinz William)

Aus welchem Land stammt der langjährige EU-Kom-   6
missionschef Jean-Claude Juncker?
c **Luxemburg**

Wer erhielt 2012 den Friedensnobelpreis?   7
b **Europäische Union**

Was warf man Francesco Schettino, dem Kapitän des   8
2012 gesunkenen Kreuzfahrtschiffes Costa Concordia,
nicht vor?
d **Dass er seine Kapitänsuniform verschenkt hatte.**

Welches Land trat 2013 der Europäischen Union bei?   9
b **Kroatien**

2019 zerbrach die Regierungskoalition in Österreich   10
infolge einer Affäre. Nach welcher Insel wird die
Affäre gemeinhin benannt?
b **Ibiza**

11 In einem Referendum sprach sich 2017 – bei geringer Beteiligung – die Mehrheit für die Unabhängigkeit einer Region aus; der Präsident der Autonomieregierung wurde später in Deutschland festgenommen. Um welche Region handelt es sich?

d Katalonien. Der Führer der Separatisten Carles Puigdemont hält sich inzwischen in Brüssel auf.

12 Sanna Marin wurde 2019 im Alter von 34 Jahren zur Ministerpräsidentin gewählt. In welchem Land?

c Finnland

13 2011 tötete der Rechtsterrorist Anders Behring Breivik 77 Menschen. Wo?

c Norwegen

14 Wie heißt seit Dezember 2019 der Amtssitz von Ursula von der Leyen?

b Berlaymont. Das Gebäude ist Sitz der Präsidentin der EU-Kommission in Brüssel.

15 Welches Land hat nicht den Euro als Währung eingeführt?

a Dänemark

III. Deutschland

Im Jahr 2010 veröffentlichte Thilo Sarrazin den anti- *1*
muslimischen Bestseller …

b »Deutschland schafft sich ab«

2018 verzichtete Bundeskanzlerin Angela Merkel auf *2*
das Amt der CDU-Vorsitzenden. Wer folgte ihr nach?

d Annegret Kramp-Karrenbauer

 Was wurde hier foto- *3*
grafiert?

**a Krawalle beim
G-20-Gipfel 2017 in
Hamburg**

Welche Parteienkonstellation hat die Bundesrepublik *4*
Deutschland am längsten regiert?

b CDU / CSU – FDP. Die drei Parteien regierten
gemeinsam in den Jahren 1961–1966, 1982–1998 und
2009–2013. Außerdem waren sie zusammen mit anderen Parteien an den Bundesregierungen der Jahre
1949–1956 beteiligt. Große Koalitionen aus CDU / CSU
und SPD regierten von 1966–1969, von 2005–2009
und seit 2013. SPD / FDP-Koalitionen regierten von
1969–1982, rot-grüne von 1998–2005.

5   Wer waren die Vorgänger der grünen Doppelspitze Baerbock / Habeck?

a Cem Özdemir und Simone Peter

6   Bringen Sie die SPD-Vorsitzenden in die richtige Reihenfolge:

(1) **Sigmar Gabriel**, (2) **Martin Schulz**, (3) **Andrea Nahles**, (4) **Norbert Walter-Borjans / Saskia Esken**

7   Welcher Partei gehörte der AfD-Politiker Alexander Gauland früher an?

c CDU

8   In welchem Bundesland wurde die erste rot-rot-grüne Koalition Westdeutschlands gebildet?

c Bremen

9   Wer sagte im November 2017: »Es ist besser, nicht zu regieren, als falsch zu regieren«?

d FDP-Chef Christian Lindner

10 Wer hat die Berliner Behörde zur Aufarbeitung der Stasi-Unterlagen nicht geleitet?

a Gregor Gysi

Beate Zschäpe wurde nach mehrjähriger Verhandlung   *11*
im Juli 2018 unter anderem wegen Mitgliedschaft im
»Nationalsozialistischen Untergrund« verurteilt. Von
welchem Gericht?

c Oberlandesgericht München

Was wurde in Deutschland im Jahr 2011 ausgesetzt?   *12*

c Wehrpflicht

Im Dezember 2016 starben zwölf Menschen auf dem   *13*
Breitscheidplatz in Berlin. Was fand dort zum Zeitpunkt des Terroranschlags statt?

d Weihnachtsmarkt

Wer wurde 2013 von einer Stern-Journalistin beschul-   *14*
digt, er habe zu ihr den Satz gesagt: »Sie können ein
Dirndl auch ausfüllen«?

d Rainer Brüderle

Welche deutsche Partei hatte 2019 die meisten Fans   *15*
bei Facebook?

a AfD

IV. Klimakrise

1 Wodurch wurde 2011 der Gau im japanischen Kernkraftwerk Fukushima ausgelöst?

a Erdbeben mit Tsunami

2 In welcher deutschen Stadt wurde 2018 das erste Fahrverbot für Diesel-Pkw erlassen?

c Hamburg

3 Sie sind mit Ihrem Mittelklasse-Pkw 100 000 Kilometer gefahren. Welcher Antrieb hat bis dahin derzeit die günstigste CO_2-Bilanz?

a Diesel. In Anbetracht des derzeitig hohen Anteils fossiler Energieträger bei der Herstellung der Batterien und der Stromgewinnung für den Betrieb ist das Elektroauto erst nach mehr als 100 000 Kilometern Fahrleistung Benzin- und Diesel-Fahrzeugen überlegen. (Quelle: Joanneum Research 2019)

4 Welche Bewegung gründete die Schwedin Greta Thunberg?

b Fridays for Future

Die internationale Klimapolitik hat sich auf einen 5
Grenzwert verständigt, um die globale Erwärmung zu
bekämpfen. Um wie viel Grad soll die Durchschnittstemperatur bis zum Jahr 2100 höchstens steigen?

b 2 Grad

Welches war das wärmste Jahr seit Beginn der Wetter- 6
aufzeichnungen?

d 2016

Was verändert der Klimawandel nicht? Die … 7

c Geschwindigkeit der Erdrotation

Im Golf von Mexiko ging 2010 eine Förderplattform 8
unter, monatelang floss Öl ins Meer. Wie hieß die
Plattform?

b Deepwater Horizon

Der Anteil der erneuerbaren Energien am Brutto- 9
stromverbrauch in Deutschland lag im Jahr 2000 bei
rund sechs Prozent. Auf welchen Prozentsatz stieg der
Anteil bis zum Jahr 2019? Rund

d 40 Prozent

Im Jahr 2011 wurde der Atomausstieg beschlossen. Bis 10
wann sollen die Kernkraftwerke in Deutschland abgeschaltet sein?

b Bis zum Jahr 2022

11 Welches Land hat den größten CO_2-Ausstoß?

b China

12 Was rief Konstanz im Mai 2019 als erste deutsche Kommune aus?

d Klimanotstand

13 Welcher Staat verfügt – trotz massiver Abholzungen – über die größte Fläche von Regenwald?

a Brasilien

14 Was wurde 2018 zum »Wort des Jahres« in Deutschland gewählt?

b Heißzeit

15 Die Europäische Kommission stellte 2019 ein Konzept vor, um die Netto-Emissionen von Treibhausgasen bis 2050 auf null zu reduzieren. Wie heißt es?

a European Green Deal

V. Migration

Was sagte Bundeskanzlerin Angela Merkel im Herbst 2015 zur Flüchtlingskrise?   *1*

c »Wir schaffen das.«

Wie heißt das Schiff, mit dem die deutsche Kapitänin Carola Rackete Flüchtlinge auf dem Mittelmeer gerettet hat?   *2*

a Sea Watch

Was wollte US-Präsident Donald Trump laut einem Dekret von 2017 an der Grenze zu Mexiko errichten?   *3*

b Eine Mauer

Auf welcher Mittelmeerinsel befand sich im Frühjahr 2020 das größte Flüchtlingslager Europas?   *4*

d Lesbos

Welchem Staat zahlt die EU laut einem Abkommen von 2016 mehr als fünf Milliarden Euro für die Begrenzung der Flüchtlingsströme?   *5*

d Türkei

6   Die Staaten Polen, Tschechien, Slowakei und Ungarn haben sich zuletzt immer wieder gegen die Aufnahme von Flüchtlingen entschieden. Wie heißt die von diesen Ländern gebildete Staatengruppe?

a Visegrád

7   Welche italienische Insel ist das wichtigste Ziel von Flüchtlingsboten aus Afrika?

c Lampedusa

8   Wo hat das Bundesamt für Migration und Flüchtlinge (BAMF) seinen Sitz?

d Nürnberg

9   Wer genießt laut Artikel 16a des Grundgesetzes Asylrecht?

a Politisch Verfolgte

10 Wie viele Menschen waren laut dem UN-Flüchtlingskommissar Ende 2018 weltweit auf der Flucht? Rund

c 70 Millionen

11 Aus welchem Land machten sich seit 2018 mehrmals Tausende Menschen auf, um in die USA zu marschieren?

b Honduras

Wie heißt die Europäische Agentur für die Grenz- und Küstenwache? 12

d Frontex

Aus welchem Land kamen 2019 die meisten Menschen, die in Deutschland einen Antrag auf Asyl gestellt haben? 13

d Syrien

Verordnungen im Rahmen des Gemeinsamen Europäischen Asylsystems regeln, welcher Mitgliedstaat einen Asylantrag prüft. Nach welcher Stadt sind sie benannt? 14

d Dublin

Mehrere hunderttausend Rohingya – Angehörige einer muslimischen Minderheit – flohen ab 2017 nach Bangladesch. Aus welchem Land? 15

c Myanmar

VI. Digitalisierung

1 Wie heißt der Konzern, dem Google gehört?
   c Alphabet

2 An welchem Unternehmen ist Mark Zuckerberg nicht beteiligt?
   b Snapchat

3 2017 wurde die maximale Zeichenzahl für einen Tweet bei Twitter erhöht. Von …
   c 140 auf 280

4 Wie viele Suchanfragen stellen Menschen pro Tag bei Google? Rund
   b 3,5 Milliarden

5 Wenn von Trollen im Internet die Rede ist, so handelt es sich um …
   a Provokateure. Der Begriff hat sich für Personen eingebürgert, die im Internet irreführende Informationen verbreiten.

6 Was ist keine digitale Kryptowährung?
   b Spam

2016 wurde Pokémon Go veröffentlicht, eines der
erfolgreichsten Spiele. Was müssen die Spieler fangen?   7

c Fantasiewesen

Wer verwarf 2010 das Gesetz zur Vorratsdatenspeicherung?   8

b Bundesverfassungsgericht

Mit welchem Begriff wird die Gleichbehandlung von
Daten bei der Übertragung im Internet bezeichnet?   9

c Netzneutralität

Kanzlerin Angela Merkel sagte 2013 bei einem Besuch
von Barack Obama: Das Internet ist für uns alle …   10

c Neuland.

Bianca »Bibi« Claßen betreibt
einen erfolgreichen YouTube-
Kanal. Was zählt zu ihren Themenschwerpunkten?   11

b Mode und Kosmetik

Was brachte Apple im Jahr 2015 auf den Markt?   12

c Uhr

Welches Wort stand Anfang 2020 nicht im Duden?   13

c tiktokken

14 Wie viele Nutzerinnen und Nutzer verzeichnet das Videoportal YouTube jeden Monat? Rund

d 2 Milliarden

15 Vor der Europawahl 2019 wurde ein Video von Rezo viel diskutiert. Wie hatte er es genannt?

d Die Zerstörung der CDU

VII. Wirtschaft

Für welches Land wurde 2010 erstmals der Euro- *1*
Rettungsschirm aufgespannt?

c Griechenland

In welchem Bundesland will das US-Unternehmen *2*
Tesla eine Fabrik für Elektroautos bauen?

a Brandenburg

Was ist gemeint, wenn in Städten eine Gentrifizierung *3*
festgestellt wird?

**b Verdrängung finanziell schwacher Bevölkerungs-
kreise**

Als der frühere Präsident der Europäischen Zentral- *4*
bank (EZB) Mario Draghi von einer »Bazooka«
sprach: Was meinte er?

**b Den massiven Kauf von Staatsanleihen durch die
EZB.** »Bazooka« war ursprünglich der Name einer
amerikanischen Panzerabwehrwaffe im Zweiten Weltkrieg.

5 Um den Anstieg der Wohnungsmieten zu begrenzen, hat der Berliner Senat im Januar 2020 ein Gesetz beschlossen, den sogenannten …

b Mietendeckel

6 2014 wurde Uli Hoeneß, damals Präsident von Bayern München, zu dreieinhalb Jahren Haft verurteilt. Und zwar wegen …

a Steuerhinterziehung

7 2015 eröffnete die Europäische Zentralbank ihren Neubau. In welcher Stadt steht er?

b Frankfurt am Main

8 Mit welchem Staat schloss die EU im Jahr 2017 das CETA-Abkommen?

b Kanada

9 Welche Organisation leitete Christine Lagarde von 2011 bis 2019 als erste Frau?

b Internationaler Währungsfonds (IWF). Erst seit 2019 ist Christine Lagarde Chefin der Europäischen Zentralbank.

10 Wie viele aktive Steinkohlezechen gibt es noch in Deutschland?

a 0

Welches Unternehmen flog 2020 aus dem DAX?   *11*

c **Lufthansa**

Welche Tageszeitung besitzt der   *12*
Amazon-Chef Jeff Bezos?

c **Washington Post**

Wie hoch ist in etwa der Betrag, den ein Musiker für   *13*
den Abruf eines Musikstücks bei Spotify erhält?

a **0,4 Cent**

Wann wurde – mit Jennifer Morgan bei SAP – erst-   *14*
mals eine Frau an die Spitze eines Dax-Konzerns berufen?

d **2019**

Was haben die Firmen Airbnb, BlaBlaCar und Couch-   *15*
surfing gemeinsam?

a **Sie lassen sich der Sharing Economy zuordnen.**
Also einer Wirtschaftsform, in der Nutzerinnen und
Nutzer Wohnungen oder Fahrzeuge zeitlich begrenzt
mieten.

VIII. Wissenschaft und Technik

1   In welchem Land wurden die ersten Corona-Fälle
    registriert?

    c China

2   Warum sprang der Österreicher Felix
    Baumgartner 2012 aus 40 Kilometern
    Höhe mit dem Fallschirm ab?

    **c Um als erster Mensch im freien
    Fall die Schallgeschwindigkeit zu
    überschreiten.**

3   Welcher Politiker verlor seinen Doktortitel nicht,
    obwohl er bei seiner Dissertation schlampig gearbeitet
    hatte?

    d Bernd Althusmann

4   Wogegen müssen Kinder in Deutschland seit März
    2020 laut einem Schutzgesetz geimpft sein?

    c Masern

5   Wovon konnten Forscher dank des Projekts »Event
    Horizon Telescope« im Jahr 2019 erstmals eine Auf-
    nahme veröffentlichen?

    d Schwarzes Loch

Ordnen Sie die folgenden vier Epidemien den Jahren **6**
zu, in denen sie ausgebrochen sind: Corona (1),
Sars (2), Spanische Grippe (3), Mers (4)

(**3**) 1918

(**4**) 2002

(**2**) 2015

(**1**) 2019

Welcher Mobilfunkstandard findet seit 2019 **7**
Verbreitung?

d 5G

Das Volksbegehren »Artenvielfalt & Naturschönheit **8**
in Bayern« im Jahr 2019 wurde bekannt unter dem
Motto: Rettet die …

b Bienen

In welchem Spiel siegte künstliche Intelligenz im Jahr **9**
2019 erstmals gegen mehrere Mitspieler?

c Poker

Wie viele Wolfsrudel gibt es laut Angaben des Bundes- **10**
amts für Naturschutz vom Dezember 2019 wieder in
Deutschland? Rund

b 100

11 Die NASA-Raumsonde Messenger erreichte 2011 nach siebenjähriger Reise den kleinsten und sonnennächsten Planeten. Wie heißt er?

c Merkur

12 In den vergangenen Jahren demonstrierten Wissenschaftler weltweit für den Wert von Wissenschaft und Forschung. Wie hießen die Demonstrationen?

a March for Science

13 Der Frauenanteil innerhalb der Professorenschaft deutscher Hochschulen lag nach Angaben des Statistischen Bundesamts im Jahr 2018 bei …

b 25 Prozent

14 2010 wurde der Computerwurm Stuxnet entdeckt. Wogegen richtete sich das Schadprogramm, soweit bekannt, in besonderem Maß?

a Iranisches Atomprogramm

15 Was verbindet die Physikerin Donna Strickland, die Chemikerin Frances H. Arnold und die Ökonomin Esther Duflo? Sie sind …

b Nobelpreisträgerinnen. Strickland und Arnold gewannen 2018 die Nobelpreise für Physik und Chemie, Duflo wurde 2019 mit dem Nobelpreis für Wirtschaftswissenschaften ausgezeichnet.

IX. Kultur

Wie heißen die Architekten dieses Gebäudes? 1

a Herzog / Meuron

Wie heißt ein Song der Schlagersängerin Helene Fischer? 2

a Atemlos durch die Nacht

Das Berliner Schloss ist neu errichtet worden. Warum existierte es nicht mehr? 3

c Weil es 1950 von der DDR-Regierung abgerissen wurde. Das Schloss war zwar im Februar 1945 nach einem Bombenangriff ausgebrannt, ein Wiederaufbau wäre jedoch möglich gewesen.

2016 erhielt ein Popstar den Nobelpreis für Literatur. Wer war das? 4

b Bob Dylan

Diese Kathedrale wurde 2019 durch ein Großfeuer weitgehend zerstört. Um welche Kirche handelt es sich? 5

d Notre-Dame in Paris

6 Mit welcher Begründung wurde Eugen Gomringers Gedicht »Avenidas« 2018 von der Fassade einer Berliner Hochschule entfernt? Studierende kritisierten den Text als …

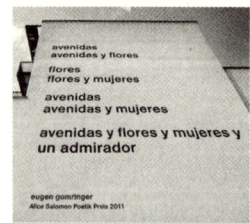

c Sexistisch

7 Welcher Filmproduzent löste 2017 mit seinem Verhalten die #MeToo-Debatte aus?

a Harvey Weinstein

8 Wie lautet der Titel der Autobiografie von Michelle Obama?

d Becoming

9 Wegen der Corona-Krise wurden die Oberammergauer Passionsspiele vom Mai 2020 ins Jahr 2022 verschoben. In welchem Rhythmus finden die Festspiele seit dem 17. Jahrhundert normalerweise statt?

d Alle zehn Jahre

10 Wo befanden sich zahlreiche Kunstwerke des 2014 verstorbenen Sammlers Cornelius Gurlitt?

b In seiner Wohnung in München. Ein weiterer, kleinerer Teil seiner Sammlung befand sich in seinem Haus in Salzburg.

Wie heißt der 2015 erschienene Roman des französischen Schriftstellers Michel Houellebecq?	*11*

b Unterwerfung

Welcher Name ist ein Pseudonym?	*12*

b Elena Ferrante

Wie heißt ein bekannter deutscher Rapper?	*13*

b Haftbefehl

Welcher ist der bislang finanziell erfolgreichste Film der Geschichte?	*14*

b Avengers: Endgame

Mit welchem Titel gewann Lena Meyer-Landrut 2010 den Eurovision Song Contest?	*15*

b Satellite

X. Sport

1   2013 und 2020 gewann Bayern München das
    sogenannte Triple. Welcher Wettbewerb gehörte
    nicht dazu?

    c UEFA-Europa League

2   Wer gewann 2010 als bislang jüngster Fahrer die
    Formel-1-Weltmeisterschaft?

    d Sebastian Vettel

3   Welcher Sport wurde für die Olympischen Spiele, die
    2020 in Tokio stattfinden sollten, neu ins Programm
    aufgenommen?

    c Skateboard

4   Bei der Fußball-WM 2014 in Brasilien gewann
    Deutschland den Titel. Wie lautete das Ergebnis des
    Halbfinalspiels Deutschland-Brasilien?

    c 7:1

5   Welches Land wurde 2019 wegen staatlichen Dopings
    für vier Jahre von allen sportlichen Großveranstaltun-
    gen ausgeschlossen?

    d Russland

Welchen Politiker trafen die deutschen Fußballnationalspieler Mesut Özil und İlkay Gündoğan 2018 und
sorgten damit für einen Skandal?

b Recep Tayyip Erdoğan

Wegen der Corona-Pandemie bestritt die Fußball-Bundesliga die letzten Spieltage der Saison 2019/2020
ohne Publikum. Wie wurden die Spiele genannt?

b Geisterspiele

Natalie Geisenberger gewann insgesamt vier Goldmedaillen bei den Olympischen Spielen 2014 und 2018.
In welcher Sportart?

d Rodeln

Welcher Verein gewann zwischen 2010 und 2020 am
häufigsten den Titel in der Frauen-Bundesliga?

d VfL Wolfsburg

Der Deutsche Fußball-Bund ist der größte nationale
Sportverband mit etwa sieben Millionen Mitgliedern.
Wer war im Jahr 2020 der zweitgrößte Verband?

d Deutscher Turner-Bund. Der DTB zählt knapp
fünf Millionen Mitglieder.

Der Sprinter Usain Bolt ist einer der erfolgreichsten
Leichtathleten. Aus welchem Land stammt er?

b Jamaika

12 Dirk Nowitzki gewann 2011 als erster Deutscher die Meisterschaft in der US-amerikanischen Basketballliga NBA. Mit welchem Team?

c Dallas Mavericks

13 2019 wurde der Deutsche Oliver Zeidler Ruderweltmeister im Einer. In welcher Sportart hatte er bis 2016 an internationalen Wettbewerben teilgenommen?

d Schwimmen

14 Erstmals seit fast zwei Jahrzehnten führte 2016 wieder eine Deutsche die Tennis-Weltrangliste an. Wer?

b Angelique Kerber. Steffi Graf war zuletzt am 30. März 1997 Weltranglistenerste.

15 In welcher Sportart durften Frauen 2012 erstmals an Olympischen Spielen teilnehmen?

a Boxen

Das Ergebnis

Meine Punktzahl

I. Welt

II. Europa

III. Deutschland

IV. Klimakrise

V. Migration

VI. Digitalisierung

VII. Wirtschaft

VIII. Wissenschaft und Technik

IX. Kultur

X. Sport

Punkte insgesamt

0–25 Punkte: Fehlversuch

Machen Sie sich nichts draus: Niemand ist gezwungen, sich für Nachrichten zu interessieren. In den vergangenen zehn Jahren scheinen Sie andere Interessen verfolgt zu haben. Damit kommt man vermutlich auch ganz gut durchs Leben, nur leider nicht so gut durch diesen Test. Wir sagen: Fehlversuch. Sie sagen zu diesem Buch vermutlich: Fehlkauf.

26–50 Punkte: Ausbaufähig

Eine Ahnung von dem, was um Sie herum passiert, haben Sie schon. Vieles ist Ihnen irgendwie bekannt, aber es fehlt noch ein bisschen die Sicherheit. Da möchten wir natürlich – Achtung, Werbung! – eine Empfehlung aussprechen: Wie wär's mit einem Nachrichtenmagazin? Das soll angeblich helfen, wenn man mehr wissen will.

51–75 Punkte: Ordentlich!

(Fast) jede zweite Frage richtig beantwortet – das schafft längst nicht jede oder jeder. Sie haben eine recht ordentliche Allgemeinbildung, schauen vermutlich ab und zu die »Tagesschau« und lesen auch mal die Zeitung. Aber natürlich geht da noch mehr! Vielleicht haben wir mit diesem Test ja Ihre Neugier geweckt?

76–100 Punkte: Überdurchschnittlich!

Sie bekommen eine Menge mit, informieren sich vermutlich auf vielen Kanälen. Von den meisten Themen dieses Tests haben sie offenbar schon einmal gehört, nur im Detail haperte es leider etwas am Wissen, sonst hätten Sie noch besser abgeschnitten. Wir gratulieren trotzdem zu diesem Ergebnis!

101–125 Punkte: Super!

Sie haben das Geschehen der vergangenen zehn Jahre aufmerksam verfolgt und verfügen über eine wirklich gute Allgemeinbildung. Niemand muss alles wissen, was in diesem Test gefragt wurde – freuen Sie sich also über dieses außerordentliche Ergebnis und ärgern Sie sich nicht über die (wenigen!) Wissenslücken.

126–150 Punkte: Erstklassig!

Bevor dieses Buch in Druck ging, haben wir lange diskutiert: Ist dieser Test vielleicht zu schwierig? Für Sie gilt eindeutig: Nein. Dass Sie auf so vielen unterschiedlichen Gebieten so viele Fragen richtig beantworten konnten, beeindruckt uns sehr. Sie haben ein erstklassiges Ergebnis erzielt. Herzlichen Glückwunsch!

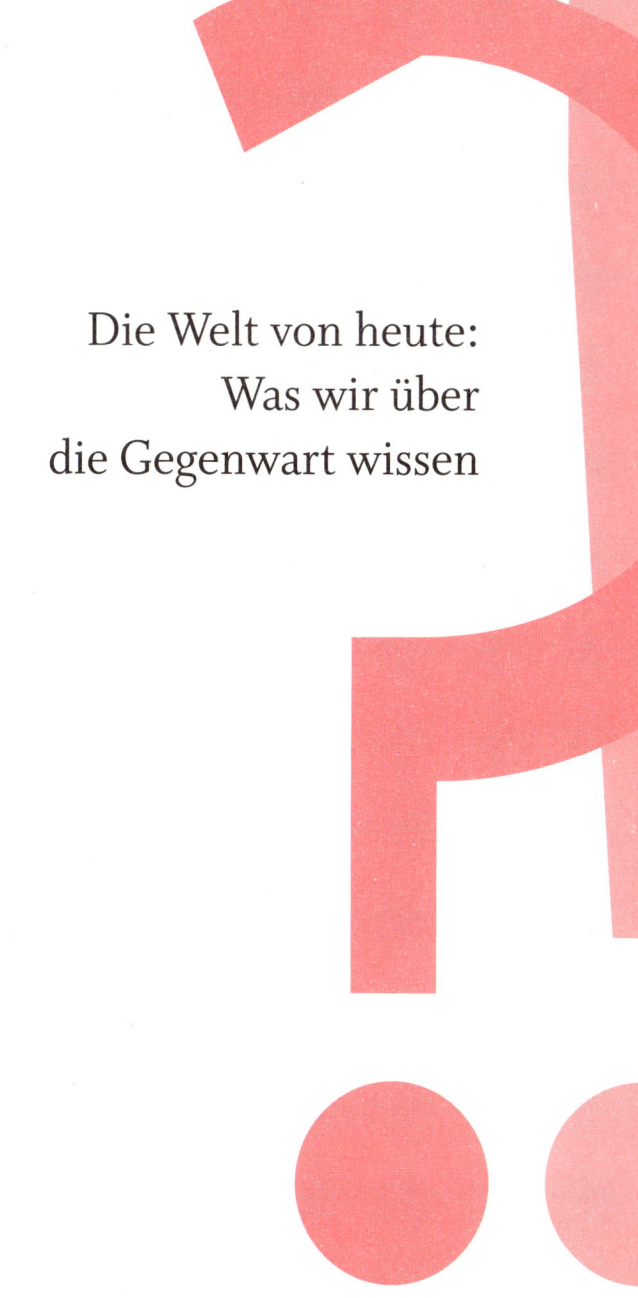

Die Welt von heute:
Was wir über
die Gegenwart wissen

»Wir müssen darauf achten,
dass wir nicht nur schnappatmen«

Caren Miosga über die
Bedeutung von Allgemeinwissen
für ihre Arbeit

Frau Miosga, bei Ihrer Arbeit haben Sie, wie die meisten Journalistinnen und Journalisten, ständig mit neuen Themen zu tun. Wie oft kommt es vor, dass Sie sich eingestehen müssen: Puh, davon hab ich so gar keine Ahnung?

Oft genug.

Können Sie sich erinnern, wann das zuletzt der Fall war?

Zuletzt stand ich so richtig auf dem Schlauch beim Nobelpreis für Chemie – die Erkenntnis, wie Lithium-Ionen besser Strom speichern.

Wie gehen Sie mit solchen Fällen um?

Wie mit allen Wissenslücken und Verständnisproblemen: Ich lese darüber, und wenn ich es immer noch nicht verstehe, frage ich Menschen, die mehr davon verstehen.

Wenn Sie es selbst einschätzen müssen: Wie gut ist Ihr Allgemeinwissen?

Abgesehen davon, dass ich Kenia an den Atlantik verlegt habe und ich mir die ionische und dorische und korinthische Säulenordnung nie werde merken können, habe ich den letzten SPIEGEL-Wissenstest ganz passabel gemeistert.

Auf der Günther-Jauch-Skala: Wie viel Geld würden Sie bei »Wer wird Millionär?« gewinnen?

Auch hier gilt: Niemand weiß alles. Es käme also vermutlich nicht nur auf mein eigenes Wissen an, sondern auch

auf das der Joker. Und wenn man dann vor einem Millionenpublikum Aussetzer hat, ist man schnell verraten und
verkauft. Meine Lieblingsgeschichte zum Thema miss-
glückter Wissenstest: Bei der Berliner Polizei wurden
Bewerber für den Polizeidienst bei einer Prüfung gefragt:
Woran ging Pompeji zugrunde? Eine der Antworten lautete: Er aß zu viel Spinat.

**Warum machen Sie nicht mal bei einer solchen Quiz-
show mit?**
Ich bin lieber selbst die, die Fragen stellt.

Auf welchen Gebieten sind Sie Expertin?
Bolognese kochen. Und von russischer Literatur verstehe
ich auch was.

Wie haben Sie dieses Wissen erworben?
Gute Lehrer gehabt, in der Küche und in der Uni.

**Es bleiben viele Felder, auf denen Sie wenig wissen, dort
könnte Ihnen jederzeit ein peinlicher Fehler unterlaufen.
Haben Sie davor Angst?**
Nein, auf das, was ich jeden Tag schreibe und dann im
Fernsehen sage, gucken ja auch noch mindestens vier wei-
tere Augen.

**Hatten Sie selbst schon einen solchen Moment wie Car-
men Thomas mit ihrem legendären Versprecher
»Schalke 05«?**

Fußball ist ein echtes Minenfeld. Es gab schon massenweise Protestmails, als ich mal gesagt habe: Mannschaft X und Mannschaft Y trennten sich 2:1 – nicht wissend, dass man sich nur unentschieden trennen kann. Seither achte ich höllisch darauf, dass niemand merkt, dass ich nur mäßig Ahnung von Fußball habe.

Was halten Sie von dem Satz: Ein Journalist weiß nichts, kann aber alles erklären?
Der erste Teil stimmt nicht, der zweite sollte immer stimmen.

Man sagt von uns Journalisten immer, wir hätten bestenfalls ein gesundes Halbwissen auf vielen Feldern. Was meinen Sie – ist Halbwissen wirklich gesund?
Schön blöde Journalistenstanze. Ich fühlte mich manchmal gesünder, wüsste ich mehr über die vier bis sechs Themen, über die wir täglich im Durchschnitt berichten. Aber in meinem Beruf ist es tatsächlich so: Ich muss zumindest in den innenpolitischen und den wichtigsten außenpolitischen Themen so viel wissen, dass ich sofort ein Interview führen kann. Den Rest muss ich mir immer wieder erarbeiten.

Wie informieren Sie sich?
Morgens Deutschlandfunk, dann Tageszeitungen, dann über den Tag online, Agenturen und sehr wichtig: die Gespräche mit den Korrespondentinnen und Korrespondenten.

Brockhaus oder Wikipedia?

Brockhaus habe ich gar nicht mehr. Und in das Grimm'sche Wörterbuch schau ich auch nur noch digital.

Atlas oder Google Maps?

Google Maps zum Autofahren und Distanzenmessen, Atlas aber viel lieber, um den Kindern zu zeigen, wohin wir in den Urlaub fahren oder wo gerade ein Vulkan ausgebrochen ist.

Print oder online?

Für die tägliche Arbeit immer alles online und digital. Aber wenn ich Zeit habe und Sonne im Gesicht: viel lieber Gedrucktes. Bilde mir ein, dass das Gehirn das Gelesene so auch viel besser speichert.

Lassen Sie uns noch einmal auf Ihre Arbeit schauen. Wie viel Wissen setzen Sie bei Ihren Zuschauern voraus?

Zugegebenermaßen: viel. Selbstverständlich erklären wir zu Beginn einer Diskussion aufwendig, was Eurobonds sind oder worin genau der Flüchtlingsdeal mit der Türkei besteht. Aber wenn die Debatten laufen, können wir auch nicht mehr bei null anfangen.

Haben Sie noch das Gefühl, dass die Zuschauer Ihnen vertrauen? Oder hat sich das verändert im Vergleich zu früher?

Man könnte es meinen, da uns in den sozialen Medien auch viel Misstrauen entgegenschlägt. Aber das Gegenteil ist der Fall. Ich staune immer wieder: Wenn – wie in der Corona-Zeit – wirklich etwas Einschneidendes geschieht, bringen die Menschen der Tagesschau und den Tagesthemen immens viel Vertrauen entgegen und schalten vermehrt ein.

Die Corona-Krise ist das Thema dieses Jahres. Wie schwer ist es Ihnen selbst gefallen, in der Informationsflut den Überblick zu behalten?

Zu Beginn konnten wir nur hinterherrennen; die Eilmeldungen kamen im Minutentakt. Aber als klar war, dass das ganze wirtschaftliche und gesellschaftliche Leben zum Erliegen kommt, konnten wir wieder beginnen zu sortieren und zu reflektieren: Was bedeutet das eigentlich alles? Eine verrückte Situation: Die Politik rotierte, und alles andere stand einfach still.

Die Einschätzungen der Experten wurden zunächst kaum hinterfragt, die Politiker anfangs kaum kritisiert. War der Journalismus kritisch genug? Wie schwer war es für Sie als Journalistin?

Am Anfang war es schwierig. Alle hatten dieses Gefühl des großen kollektiven Zusammenhalts, die Opposition war ja zunächst auch mucksmäuschenstill, und einige Zuschauer empfanden es als deplatziert, jeden Schritt zu hinterfragen. Aber mit der Zeit veränderte sich das, und selbstverständlich mussten wir die sehr weitgehenden Einschnitte in Grundrechte und Alltagsleben kritisch diskutieren. Und zwar auch und gerade in politischen Interviews.

Die öffentlich-rechtlichen Sender sind in dieser Krise sehr gefragt. Sind Sie zufrieden mit der journalistischen Qualität der Sendungen? Was haben Sie gelernt?

Wie in jeder Krise wächst mit der Verunsicherung der Menschen auch das Bedürfnis nach Orientierung. Es war toll zu sehen, wie unter hohem Zeitdruck großartige Hintergrundberichte, glänzende Erklärstücke und anrührende Reportagen entstanden; genauso ja auch in den Printmagazinen, mit dem entscheidenden Unterschied, dass diese aufgrund der einbrechenden Anzeigen ums Überleben kämpfen müssen. Und wie die Zuschauer das honorierten. Ein wunderbarer Moment: Nach einem Bericht darüber, wie Schüler aus sehr angespannten Familiensituationen Hilfe beim Kinderhilfswerk Arche fanden, spendete ein Zuschauer spontan eine sechsstellige Summe. Gleichzeitig müssen wir darauf achten, dass wir in dieser Echtzeitjournalismus-Phase nicht nur schnappatmen, sondern uns noch mehr die Zeit nehmen müssen, nachzudenken und Zahlen und Thesen zu überprüfen. Und für mich ein großes Dilemma: In dieser weltumspannenden Krise starren wir vor allem auf uns selbst. Vor Corona haben wir uns auch für Idlib oder für die katastrophalen Verhältnisse in den Flüchtlingslagern in Griechenland interessiert. Nun finden diese Themen leider zu wenig Platz.

Nicht alle sind zu überzeugen: Auch Sie und Ihre Redaktion sehen sich regelmäßig mit dem Vorwurf konfrontiert, Fake News zu verbreiten. Trifft Sie das?

Vor allem im Netz kursieren Angebote von angeblichen Wundermitteln und Verschwörungstheorien. Und uns erreichen auch in der Corona-Krise Vorwürfe der Zensur, die Regierung verbiete uns, die Wahrheit zu sagen, beispielsweise darüber, dass Covid-19 nicht schlimmer sei als die Grippe.

Was hilft gegen diese Vorwürfe, dieses Misstrauen?
Immer wieder auf- und erklären, auf die Motivation von Verschwörungstheorien hinweisen. Und Wissenschaftler zu Wort kommen lassen, Menschen, die wirklich fundiertes Wissen haben. Aber nicht nur Journalisten können etwas gegen verunsichernde Meldungen tun. Jede Einzelne, jeder Einzelne kann Fotos und Aussagen auf ihre Echtheit und Aktualität überprüfen. Ist dieses Bild vielleicht schon mal vor der Corona-Krise veröffentlicht worden? Dafür ist das Internet glücklicherweise auch gut.

Caren Miosga, Jahrgang 1969, hat Geschichte und Slawistik in Hamburg studiert. Sie ist seit 1999 für das NDR-Fernsehen tätig und hat das Kulturjournal, das Medienmagazin Zapp und das Kulturmagazin ttt – titel, thesen, temperamente moderiert. Seit 2007 ist sie Erste Moderatorin der Tagesthemen.

»Die Zukunft ist so etwas wie ein
Mülleimer unserer Gegenwart«

Ranga Yogeshwar über
den Einfluss der Wissenschaft
auf Politik und Gesellschaft

Herr Yogeshwar, es heißt häufig, die Menschen neigten heute zu einfachen Antworten, weil die Welt so kompliziert geworden sei. Können Sie dieses Gefühl der Überforderung nachvollziehen?

Ja, dieses Gefühl gibt es. Aber das war eigentlich schon immer der Fall. Es gab selten eine Phase, in der Komplexität allgemein begrüßt wurde.

Und haben Sie selber manchmal das Gefühl, überfordert zu sein?

Ich sehe viel Komplexität, Überforderung spüre ich eigentlich nicht. Ich registriere eher die Breite einer Entwicklung und freue mich über die vielen Details, die in den Dingen stecken.

Seit mehr als dreißig Jahren sind Sie Wissenschaftsjournalist, Sie müssen Ihrem Publikum komplizierte Zusammenhänge leicht verständlich erklären. Ist diese Aufgabe schwieriger geworden?

Sie ist anders geworden. Als ich in den 80ern anfing, kam gerade das Privatfernsehen auf, es gab noch kein Internet und nur wenige Informationskanäle. Inzwischen haben wir es mit einer unglaublich großen Masse von Kanälen zu tun, sodass meine Stimme in einem Chor von ähnlich klingenden Stimmen manchmal unterzugehen droht. Ich gehöre wahrscheinlich zu den Letzten, die die Chance hatten, eine solche Breitenwirkung zu erzielen.

Bei YouTube finden sich Kollegen, die mit Wissenschafts-themen ein Millionenpublikum erreichen.

Ja, auch meine Nachfolgerin bei Quarks, Mai Thi Nguyen-Kim, habe ich das erste Mal im Internet gesehen. Ich habe mir damals gesagt: Wow, die ist toll, die soll meinen Job machen.

Haben Sie den Eindruck, dass sich das naturwissenschaftliche und technische Grundwissen der Menschen, für die Sie arbeiten, verschlechtert hat?

Nein, das ist ein Klischee. Das hat sich nur verschoben. Als ich beim Fernsehen anfing, gab es den Kameramann, den Cutter und jemanden für den Ton. Heute kann jeder Teen-ager alles! Und das sind ziemlich komplexe Fertigkeiten. Die Quadratwurzel im Kopf zu berechnen, das konnte vielleicht die Generation der Großväter besser, aber die hatten keine Ahnung von Videoschnitten, davon verstehen die jungen Menschen sehr viel mehr.

Wird in Teilen unserer Gesellschaft die Bedeutung natur-wissenschaftlichen Wissens immer noch unterschätzt? Viele Menschen, auch Akademiker, brüsten sich doch damit, von Mathematik, Chemie oder Physik keine Ahnung zu haben.

Das ist so. Diese Haltung hat auch eine große Verbreitung im Journalismus. Denn dieser Berufsstand nährt sich vor allem aus Germanisten, Politologen und Sozialwissen-schaftlern. Und die haben in der Schule möglichst schnell

Mathe oder Informatik abgewählt. Aber das ist doch insgesamt eine eher kleine Gruppe.

Sind wirklich nur Journalisten von diesem Phänomen betroffen?

Die Frage ist doch: Was eigentlich meinen wir mit Bildung, was zählt zum Kanon? Da gibt es diese alte Vorstellung, die Dietrich Schwanitz vertreten hat, dass man die Metamorphosen von Ovid kennen müsse und auch wissen sollte, wer Robespierre war und was Friedrich Schiller geschrieben hat. Das war so ein Zelebrieren von großen Bücherwänden. Wer heute zum Beispiel weiß, was eine IP-Nummer ist, der verfügt auch über Bildung. Auch da hat sich nur einiges verschoben. Oder nehmen Sie die Fremdsprachen: Als ich als Journalist beim WDR anfing, verstand ein erheblicher Teil der Redakteure kaum ein Wort Englisch. Die junge Generation heute beherrscht fast durchgehend zwei Sprachen. Die Kompetenz ist also viel größer.

Dank der Corona-Krise hat sich das Interesse der Menschen an naturwissenschaftlichem Wissen zuletzt deutlich verstärkt. Haben Sie den Eindruck, dass auch die Politiker den Experten ausreichend zuhören?

Wenn Sie genau hinschauen, dann sehen Sie, dass die Politiker vor allem das machen, was die Bürgerinnen und Bürger machen. Als man im März den Lockdown beschlossen hat, waren die Straßen längst leer. Und als im April die

Menschen wieder in größerer Zahl die Wohnungen verlassen haben, wurde der Lockdown langsam aufgehoben.

Die Politiker agieren also nicht mutig genug?
Was wir brauchen, sind Leader, keine Populisten. Wenn man mitten in der Operation aufhört, dann stirbt der Patient. Wir hatten den ersten Teil der Operation Corona ziemlich gut erledigt, dann haben wir sie leider gestoppt. Statt den Virus bis zum Ende zu bekämpfen, müssen wir uns nun auf Jahre mit ihm abplagen. Der ökonomische Schaden, den wir damit angerichtet haben, ist riesig.

Der Kampf gegen die globale Erwärmung, der noch zu Beginn dieses Jahres ein zentrales Thema war, ist nun wegen Corona vorerst in den Hintergrund getreten. Offenbar gibt es immer nur zeitlich begrenztes Interesse für einzelne Wissensgebiete.
Wenn man die Uhr nur um fünf Jahre zurückdreht, ins Jahr 2015, da gab es laut einer Studie, die mir vorliegt, nicht eine einzige Talkshow im öffentlich-rechtlichen Rundfunk, die sich mit dem Klimawandel beschäftigte, nicht eine einzige! Das Thema wurde einfach ignoriert. Dabei waren die Fakten schon vor zehn Jahren klar. Zuletzt hatten wir, auch dank »Fridays for Future«, eine Nachschwingreaktion. Aber die Politik reagiert ja nicht wirklich darauf, niemand will etwas grundsätzlich umbauen. Und wir haben noch andere Themen, bei denen wir uns ignorant verhalten, obwohl sie wissenschaftlich relevant sind.

Nämlich?

Die künstliche Intelligenz zum Beispiel. Welchen Einfluss hat KI etwa auf neuartige Diagnose-Techniken. Das ist sehr nah dran am Menschen. Aber darüber habe ich noch nie etwas gelesen. Wir haben eine Medienlandschaft, die wenig mit der Realität zu tun hat. Die Welt da draußen, die wird von Technik geprägt.

Aber es gibt doch in den Medien eine ziemlich umfangreiche Diskussion über neue Formen der Mobilität: Elektrofahrzeuge, Wasserstoff, Biokraftstoffe und vieles mehr.

Diese Diskussion wird in Deutschland geführt, weil Deutschland ein Autoland ist. Weil die Konzerne sinkende Gewinne beklagen.

Aber gerade in dieser Diskussion wird der Konsument verunsichert, weil er widersprüchliche Empfehlungen bekommt. Vor zehn Jahren hieß es, man solle verbrauchsarme Diesel-Fahrzeuge kaufen, heute gelten dieselben Wagen als gefährliche Dreckschleudern.

Da lautet mein Vorschlag ganz einfach: Denke ein bisschen selber und habe ein paar elementare Zusammenhänge parat. Viele Konsumenten wollen gar nicht wissen, wie groß der CO_2-Ausstoß der Verbrennungsmotoren ihrer Autos ist. Und die Autoindustrie investiert jedes Jahr etwa 1,5 Milliarden Euro in Marketing und Werbung. Die hat nur ein Interesse: Sie will ihre Produkte verkaufen. Machen Sie sich nur einmal klar: Nach etwa neunmal Volltanken hat Ihr Auto soviel Kohlendioxid produziert,

wie es wiegt! Nehmen Sie als Beispiel einen Golf, der etwa
1,3 Tonnen schwer ist und ein Tankvolumen von 50 Liter
hat, das entspricht 40 Kilogramm Diesel. Bei der Verbren-
nung wird aus Kohlenstoff (im Diesel oder Benzin) Kohlendioxid. Aus 12 Gramm Kohlenstoff werden 44 Gramm
Kohlendioxid; das entspricht einer Gewichtszunahme um
den Faktor 3,6. Also entstehen aus 40 kg Diesel 144 kg
Kohlendioxid. Nach neunmal Volltanken ergibt das das
entsprechende Gewicht des Autos!

**Was für ein Auto würden Sie sich heute kaufen? Elektro-
antrieb? Benziner? Diesel?**
Da bin ich ziemlich offen. Ich würde nicht sagen, dass ich
unbedingt ein elektrisch angetriebenes Auto brauche. Ich
würde mich jedenfalls gründlich informieren. Selbst
moderne Dieselfahrzeuge haben inzwischen eine viel bes-
sere Technik. Aber ich bin jetzt nicht so autoaffin. Mich
interessieren eigentlich neue Mobilitätsformen viel mehr,
mit denen ich von A nach B komme, ohne dass ich diese
blöde Kiste brauche. Dem Sirenengesang der Autokon-
zerne höre ich jedenfalls nicht zu.

**Es gibt eine vergleichbare Diskussion, nämlich die um
die Atomenergie. Nach Fukushima hat die Kanzlerin den
schnellen Ausstieg gewählt, jetzt, im Zuge der Klimadebatte, wird plötzlich wieder von einer neuen, sicheren
Atomenergie gesprochen. Wie soll der Laie das verstehen, was soll er jetzt machen?**

Denken! Denken ist immer gut. Vor Fukushima gab es ja den Ausstieg aus dem Ausstieg. Die Energiekonzerne schalteten große Anzeigen für die Atomenergie. Dann kam Fukushima. Die Reaktionen waren hysterisch, gerade in den Medien.

War Angela Merkels Entscheidung 2012 ein Fehler?
Nein. Aber wir wussten doch schon vorher, dass die Atomenergie in Wahrheit eine Technik ist, die nicht nachhaltig ist, mit Kosten in unbekannter Höhe für die Endlagerung. Wenn diese Systeme sicher sein sollen, sind sie einfach viel zu teuer.

Welche Alternativen hat die Gesellschaft?
Nach Fukushima hieß es vielerorts: Jetzt gehen die Lichter aus, wenn wir die Atomkraftwerke ausschalten. Das ist nicht der Fall, wie wir wissen. Wir haben jetzt eine ähnliche Debatte um die Kohle. Wieder heißt es, bei einem Ausstieg gehen die Lichter aus. Auch das wird nicht geschehen. Wir sind in einer Scharnierphase. Für Sonne und Wind braucht man eine andere Infrastruktur, man braucht mehr Fläche. Das dauert einige Zeit, das ist richtig.

Der Umstieg auf alternative Energien soll ja vor allem den Anstieg der globalen Erwärmung bremsen.
Das ist nur ein Grund. Die meisten großen Konflikte, die wir auf der Welt haben, im Nahen Osten, in der Ukraine etwa, haben mit Energie zu tun. Wenn ich es schaffe, eine

Energieform zu entwickeln, die das verhindert, dann werden sich auch die Konflikte auf dieser Welt verändern. Das heißt, wir müssten bei der Berechnung der Kosten von Öl oder Gas den echten Preis eines Liters zur Kenntnis nehmen. Dann schneiden Sonne und Wind im Vergleich ziemlich gut ab.

Wie gehen Sie damit um, dass in der Debatte um die alternativen Energien vermehrt Stimmen laut werden wie die des Schriftstellers Jonathan Franzen, der sinngemäß sagt, wir hätten den Kampf um das Zwei-Grad-Ziel schon verloren?

Wir haben in solchen Debatten immer eine Heterogenität von Stimmen. Die einen sagen, es ist zu spät. Die anderen sagen, da ist doch überhaupt nichts. Das muss man aushalten. Noch verstehen wir tatsächlich nicht, was es für diese Klimaveränderungen bedeutet, wenn sie den sogenannten Tipping-Point erreichen. Da gibt es zwar Modellrechnungen, aber man weiß es nicht wirklich. Ich gehe sogar so weit und sage: Selbst ohne die Klimadebatte wäre es zwingend notwendig, dass wir einen Umbau der Energieversorgung bekommen – weil wir unabhängig sein wollen von Konflikten, weil auch der Aufwand zur Energiegewinnung etwa beim Kohlebergbau, schon absurd ist. Und natürlich, weil wir ein globales Ressourcenproblem bekommen; andere aufstrebende Nationen haben einen wachsenden Energiehunger. Das wird so nicht mehr funktionieren.

Sehen Sie einen Wettlauf zwischen den fortschreitenden Formen künstlicher Intelligenz, die auch Arbeitsplätze zerstören kann, und den Menschen, die sich mit Bildung und Wissen dagegen behaupten wollen? Und wenn ja: Wer gewinnt diesen Wettlauf?

Diese Frage wird mir oft gestellt. Das ist aber eine Frage des Übermorgen. Der Weg dahin ist das, was wirklich entscheidend ist. Das ist ein bisschen wie bei den Bergsteigern: Die sterben nicht auf dem Gipfel, die sterben auf dem Weg nach oben. Heute merken wir etwa, dass die Algorithmen der künstlichen Intelligenz in den sozialen Netzwerken dazu führen, dass in Großbritannien eine Mehrheit für den Brexit votiert hat. Dieser Brexit wiederum wird vermutlich eine Menge von Arbeitsplätzen kosten. Insofern ist es möglicherweise gefährlicher, KI in den Medien zu verwenden als in den Fabriken. Die Gefahr, dass KI demnächst den Fabrikarbeiter direkt arbeitslos macht, scheint mir vorerst geringer.

Sind Sie trotz der düsteren Perspektiven noch ein Optimist?

Ja, ich bin seit Kurzem Großvater. Und der kleine Emil wird mit großer Wahrscheinlichkeit sogar das 22. Jahrhundert erleben. Vieles, was wir heute entscheiden, zeigt seine negativen Folgen erst in der Zukunft. Das heißt, Zukunft ist so etwas wie der Mülleimer unserer Gegenwart. Und wenn man dann so einen kleinen Wurm in den Händen hält, spürt man ganz konkret das Verantwortungsgefühl für die nächste Generation. Wir stellen heute die Weichen für seine Zukunft. Für mich heißt das: Sei kritisch, wenn es große Veränderungen gibt.

Welche meinen Sie?

Wir haben in den vergangenen zwei Jahrzehnten im digitalen Bereich das große Narrativ des Ökonomischen erlebt. Auf den ersten Plätzen der reichsten Unternehmen der Welt rangieren jetzt die Googles und die Alibabas. Und es stellt sich die Frage: Ist das das Einzige, was die Digitalisierung zustande bringt? Ist das Internet lediglich ein Katalysator des Kapitalismus oder müssen wir möglicherweise das Internet noch einmal anders denken? Wir kommen an einen Punkt, wo die Ökonomisierung unserer Daten dazu führt, dass die Demokratie destabilisiert wird, wo Politik destabilisiert wird, wo der Journalismus ausstirbt, weil seine Geschäftsmodelle zerstört werden. Und da bin ich kritisch, aber nicht im dystopischen Sinne, sondern im steuernden Sinn. Wir dürfen nicht gestaltet werden, sondern sollten als Bürger aktiv mitgestalten und den Kurs festlegen.

Eine persönliche Frage: Sie haben eine dunklere Haut, weil Ihr Vater aus Indien stammt. Sind Sie deswegen in den vergangenen Jahren im Internet besonderen Anfeindungen ausgesetzt gewesen?

Nein, es hat sich verbessert. Als ich anfing, war ich einer der ersten dunkelhäutigen Moderatoren im deutschen Fernsehen. Es musste allerdings im Wissenschaftsressort sein, weil die Gesetze der Schwerkraft in Berlin nicht anders sind als in Bombay. In der Politik oder der Kultur hätte ich wahrscheinlich kaum eine Chance gehabt.

Heute wäre das anders, oder?

Ich denke schon, aber damals gab es noch seltsame Vorstellungen von Indern. Die lagen irgendwo zwischen dem Tiger von Eschnapur und Mutter Teresa. Heute hat es sich immerhin herumgesprochen, dass Inder auch anderes können. Ich ernte nicht mehr diese komisch bedauernden Blicke, denn inzwischen hat sich herumgesprochen, dass zum Beispiel viel Software aus Indien stammt. Der Chef von Google ist ein Inder, und nun fallen manche Menschen in andere Klischees und denken, der Inder müsse irgendein IT-Gen haben, was natürlich ebenfalls Blödsinn ist.

Ranga Yogeshwar, 1959 in Luxemburg geboren, hat in Aachen Physik studiert und begann seine Karriere als Fernsehjournalist 1987 beim WDR in Köln. Er moderierte Wissenschaftssendungen wie »Quarks«, »Globus« und – zusammen mit Frank Elstner – »Die große Show der Naturwunder«. Heute arbeitet er freiberuflich als Buchautor und Experte für naturwissenschaftliche Themen.

Bildnachweise

3. Auflage 2021

© SPIEGEL-Verlag Rudolf Augstein GmbH & Co. KG,
Hamburg 2020
© 2020, Verlag Kiepenheuer & Witsch, Köln
Alle Rechte vorbehalten
Covergestaltung: Barbara Thoben, Köln
Covermotiv: © Mipan – Fotolia.com
Gesetzt aus der Whitman
Satz: Wilhelm Vornehm, München
Druck und Bindung: CPI books GmbH, Leck
ISBN 978-3-462-00022-1

Testen Sie ihr Wissen!

Wen liebte Goethes Faust?
Der große SPIEGEL-Wissenstest
Literatur

Wie gut kennen Sie Deutschland?
Der große SPIEGEL-Wissenstest

Wie schlau sind Sie?
Der große SPIEGEL-Intelligenztest

Der große Wissenstest für Kinder
Was weißt du über die Welt?

Der neue große Wissenstest für Kinder
Was weißt du über die Welt?

Leseproben und mehr unter www.kiwi-verlag.de